LOS PAZOS DE ULLOA

EMILIA PARDO BAZÁN

D0916479

Colección
LEER EN ESPAÑOL

español

SANTILLANA
UNIVERSIDAD
DE SALAMANCA

La adaptación de la obra *Los Pazos de Ulloa,*
de **Emilia Pardo Bazán,** para el Nivel 6 de la colección
LEER EN ESPAÑOL, es una obra colectiva, concebida,
creada y diseñada por el Departamento de Idiomas
de la Editorial Santillana, S.A.

Adaptación: **Antonio Feliz Cotado**

Ilustración de la portada: **Yolanda Espinoso Ocaña**

Ilustraciones interiores: **Olga Vega**

Coordinación editorial: **Silvia Courtier**

Dirección editorial: **Pilar Peña**

© de esta edición,
    1994 by Universidad de Salamanca
    y Santillana, S.A.
Elfo, 32. 28027 Madrid
PRINTED IN SPAIN
Impreso en España por UNIGRAF
Avda. Cámara de la Industria, 38
Móstoles, Madrid
ISBN: 84-294-3615-4
Depósito legal: M-12580-1996

Emilia Pardo Bazán (La Coruña, 1851-Madrid, 1921), de familia rica y aristocrática, pasa su infancia y juventud entre Galicia y Madrid, donde, después de casarse, se instala. Alterna su vida en la capital con numerosos viajes por España y Europa. Poco a poco se confirma su vocación de escritora. Se dedica a la poesía, como de niña, y empieza a publicar artículos en revistas. Por fin, cuando descubre con entusiasmo a los novelistas españoles contemporáneos y a Zola y el naturalismo francés, se anima a abordar la novela: «Si la novela se reduce a describir lugares y costumbres que nos son familiares, y caracteres que podemos estudiar en la gente que nos rodea, entonces puedo atreverme», escribe doña Emilia.

Se inicia en la novela larga con Pascual López, *sigue con* Un viaje de novios, La tribuna, Morriña, *etc. Pero la obra que la hace brillar con luz propia entre los mejores narradores españoles del siglo XIX y la convierte en una de las figuras femeninas más representativas de la literatura española es* Los Pazos de Ulloa *y su continuación* La madre Naturaleza.

En Los Pazos de Ulloa *(1886) la autora recrea el ambiente que mejor conoce: el de una Galicia aristocrática decadente, un medio donde sólo unos pocos personajes, que doña Emilia presenta alternando el tono objetivo con la ternura o la ironía, consiguen mantenerse a salvo de la brutalidad general.*

Santiago de Compostela

Lugo

LA ULLOA

Río Tambre

GALICIA

Río Ulla

Río Lérez

Pontevedra

Río Miño

Río Sil

Orense

LA LIMIA

PORTUGAL

I

AUNQUE el jinete[1], con los huesos ya fuera de sitio, trataba de detenerlo agarrándose con todas sus fuerzas y diciéndole las más dulces palabrillas, el caballo se empeñaba en seguir corriendo. Y era fuerte de verdad aquella bajada en el camino de Santiago a Orense.

Iba el jinete más colorado que un pimiento. Por ser joven y muy delgado, y no tener barba, hubiera parecido un niño si no hubiera resultado clara su condición de religioso. Aunque cubierto de polvo, bien se veía que el traje del mozo[2] era de tela negra, cortado con la poca gracia que tienen los trajes cuando los visten los curas. También era evidente que el arte de ir a caballo no le era familiar: parecía a punto de salir volando por entre las orejas del animal y en su cara leíase (1) el miedo a que eso sucediera.

Al llegar al final de la bajada, el caballo volvió a su paso normal y el jinete se tranquilizó. Quitóse el sombrero para limpiarse el sudor de la frente y respiró el aire frío de la

---

(1) Se ha respetado el uso preferente de pronombres enclíticos (**díjole** en vez de **le dijo**). Es un uso frecuente entre los autores clásicos que se da, aunque menos, entre los modernos, además de ser una práctica usual en Galicia, Asturias y León.

5

tarde. Caían ya los últimos rayos de sol cuando se encontró con un obrero que perezosamente arrancaba las hierbecillas que crecían al lado de la carretera. Paró junto a él y preguntó:

—¿Podría usted decirme si falta mucho para la casa del señor marqués[3] de Ulloa?

—¿Para los Pazos de Ulloa? —contestó el obrero repitiendo la pregunta.

—Eso es.

—Los Pazos de Ulloa están allí —dijo a la vez que señalaba un punto a lo lejos—. Si el bicho anda bien, el camino que queda pronto se pasa... Ahora tiene que seguir hasta aquel bosque de pinos, ¿ve? y luego tuerce a la izquierda y luego otra vez a la derecha por un caminito, hasta el crucero[4]... En el crucero ya es muy fácil, porque se ven los Pazos, una construcción grandísima...

—Pero... ¿cuánto faltará, más o menos? —repitió preocupado el viajero.

—Un trocito, un trocito... —respondió el otro sin más explicaciones y volviendo a su trabajo.

Sin atreverse a preguntar ya cuántos kilómetros hay en un trocito, se decidió el cura a seguir adelante. El bosque de pinos no estaba muy lejos, oscuro y profundo. Caballo y jinete se metieron por un camino estrechísimo medio escondido entre los árboles. Era un camino difícil que parecía impedir el paso. Pero el animal, acostumbrado a andar por aquellas tierras gallegas, conseguía avanzar a pesar de todo, evitando cuidadosamente agujeros, piedras y ramas cortadas. Iban poco a poco, sin tropezar con nada que revelase la vida humana.

Por fin el camino se hizo más ancho y salieron del bosque. Se encontraron frente a una pequeña casa de campesinos. A la puerta una mujer daba el pecho a un niño.

—Señora, ¿sabe si voy bien para la casa del marqués de Ulloa? —preguntó el jinete, deteniéndose.

—Va bien, va...

—Y... ¿falta mucho?

—La carrerita de un perro...

—¡Pues qué bien! —pensó el viajero, que tampoco acertaba a adivinar lo que anda un perro en una carrera.

En fin, se dijo, al llegar al crucero vería los Pazos de Ulloa. Lo principal era encontrar aquel camino a la derecha... Pero nada, ni señales. La grandeza del paisaje montañoso que el jinete tenía delante le llenaba el corazón de oscuros miedos. Nacido en un pueblo tranquilo, se encontraba por vez primera frente a frente con la dura y noble soledad de la Naturaleza, y no era extraño que recordara historias de viajeros asesinados.

—¡Qué país de lobos[5]! —dijo para sí.

Alegrósele el alma cuando descubrió el caminito que a su derecha se encontraba. Bajaba con mucho cuidado para evitar una caída, cuando vio casi al alcance de su mano algo que le (2) hizo temblar: una cruz* de madera, pintada de negro, muy vieja ya y medio caída. El cura sabía que estas cruces señalan el lugar donde un hombre murió de muerte violenta. Se santiguó* y rezó en silencio, mientras el caballo le llevaba a paso ligero hasta un cruce de caminos. Allí, entre las ramas de un enorme castaño[6], se levantaba el crucero.

A su vista tranquilizóse el cura y rezó nuevamente. Al mismo tiempo buscaban sus ojos a lo lejos los Pazos de Ulloa, que debían de ser aquel gran edificio, allá en el fondo del valle. Poco duró la contemplación y a punto estuvo el cura de besar la tierra por el salto que, de repente dio el caballo, loco de miedo. Su motivo tenía: a cortísima distancia habían sonado dos tiros.

La angustia que sintió el cura fue terrible pero corta, ya que en seguida comprendió lo que ocurría: en efecto, detrás del crucero apareció un grupo de tres hombres acompañados de otros tantos perros de caza. Era evidente que los tiros no iban contra él.

---

(2) También se ha respetado el uso del «leísmo». Fenómeno admitido por la Real Academia de la Lengua y muy frecuente en amplias zonas de España, el «leísmo» consiste en el empleo del pronombre personal **le** (complemento indirecto) en vez de **lo** (complemento directo) para referirse a un objeto directo de persona.

* Las palabras marcadas con asterisco (*) están explicadas en el «Glosario Religioso» (páginas 119 y 120) donde aparecen por orden alfabético.

El cazador que venía delante debía de tener veintiocho o treinta años: alto y con hermosa barba, tenía la cara y el cuello morenos, pero por venir con la camisa desabrochada y sombrero en mano, se veía la piel blanca en el pecho y en la frente. Llevaba la caza[7] atada al cinturón y sobre su hombro izquierdo descansaba una escopeta[8] moderna. El segundo cazador parecía hombre de edad madura y condición baja. Un criado, quizás: ropa grosera, pelo cortísimo, la escopeta muy vieja y atada con cuerdas; y en el rostro, afeitado, seco y de enérgicos rasgos, una expresión de secreta inteligencia, de saber oculto.

Observando al tercer cazador, sorprendióse el jinete al darse cuenta de que era un sacerdote*. ¿En qué se le conocía? En nada del aspecto exterior, ya que llevaba el pelo gris largo y sin peinar, una barba de un mes y vestía como sus compañeros de caza. Sin embargo, había algo en la mirada, en los gestos, en la forma de andar, en todo. No cabía duda: era un sacerdote.

Acercóse el jinete al grupo y repitió su pregunta:

—¿Pueden ustedes decirme si voy bien para casa del señor marqués de Ulloa?

El cazador alto se dirigió a los demás con autoridad.

—¡Qué casualidad! —exclamó— Aquí tenemos al forastero... Tú, Primitivo... Has tenido suerte: mañana pensaba yo enviarte a Cebre[9] a buscar al señor... Y usted, señor abad* de Ulloa... ¡ya tiene usted aquí quien le ayude a arreglar la iglesia!

Como el jinete callaba, el cazador añadió:

–¿Supongo que es usted el recomendado de mi tío, el señor de la Lage?

–Y capellán, para servirle a usted... –respondió el cura.

Como el jinete callaba, el cazador añadió:

—¿Supongo que es usted el recomendado de mi tío, el señor de la Lage?

—Y capellán*, para servirle a usted... —respondió sonriendo el cura, bajando del caballo con cierta dificultad—. ¿Y usted... es el señor marqués?

—¿Cómo está el tío? —preguntó éste sin responder, mientras el capellán le miraba con viva curiosidad.

El joven, con mucho respeto, le daba toda clase de explicaciones.

—...El señor de la Lage, tan bueno, y con el humor de siempre... Guapo además para su edad... Observo que si fuese su señor papá, no se le parecería más... Las señoritas, muy bien, muy contentas y con buena salud. Del señorito, que está en Segovia, buenas noticias. Y antes que se me olvide...

Buscó en el bolsillo interior de su chaqueta y sacó una carta que entregó al marqués. El abad se preparó un cigarrillo; Primitivo no quitaba la vista del jinete. De repente, el marqués se echó a reír.

—El tío —exclamó, doblando la carta— siempre con sus bromas... Dice que aquí me manda un santo para que me haga bueno, como si yo tuviera pecados: ¿eh, señor abad? ¿Qué dice usted a esto? ¿Verdad que ni uno?

—Ya se sabe, ya se sabe —dijo el abad—. Aquí todos somos tan inocentes como en el día del bautizo.

Y al decirlo, podía leerse en su cara lo poco que le gustaba aquel curita sin experiencia y con cara de niña.

–¿Y usted se llama Julián Álvarez? –preguntó el marqués.

–Para servir a usted muchos años.

–¿Y no encontraba usted los Pazos?

–Me costaba trabajo el acertar. Aquí la gente no te dice claramente las distancias. De modo que...

–Pues ahora ya no se perderá usted –dijo el marqués–. Primitivo, coge este animal.

Y empezó a andar, charlando con el capellán. Primitivo y el abad iban detrás, a cierta distancia.

–¿Y qué le parece el jovencito? –comentó Primitivo– ¿Verdad que no inspira mucho respeto?

–¡Bah! Así son ahora los curas: niñitos débiles. ¡Ah! ¡Si yo fuera arzobispo*...!

II

ERA de noche, una noche sin luna, cuando llegaron al enorme edificio de los Pazos de Ulloa. No brillaba ninguna luz y la gran puerta principal parecía no haberse abierto en mucho tiempo. Dirigióse el marqués hacia otra más pequeña donde apareció una joven llevando en la mano una vela[10]. Después de cruzar sótanos y pasillos llegaron a la amplia cocina, en medio de la cual había un gran fuego. Del techo colgaban chorizos y algún jamón.

Junto al fuego estaba sentada una vieja que sólo pudo Julián distinguir un instante. En efecto, tan pronto como el grupo entró en la cocina, la mujer se levantó y desapareció como una sombra.

El marqués gritó a la moza:

—¿No he dicho mil veces que no quiero aquí vagos?

—No hacía mal... me ayudaba a pelar patatas.

Entonces Primitivo, más enfadado todavía, pero más dueño de sí que su amo, dijo con autoridad a la muchacha:

—¿Qué haces charlando ahí...? Mejor te fuera tener la comida lista. ¿A ver cómo nos la das corriendo?

La muchacha fue poniendo la mesa. Colocó en el centro un pan grande y una jarra de vino.

De nuevo gritó el marqués:

—¿Y los perros, vamos a ver? ¿Y los perros?

Éstos se acercaron a recibir su comida. Mirándoles, Julián creyó de pronto que había aumentado su número. Pero al verles a la luz del fuego, se dio cuenta de que lo que tomaba por otro perro no era sino un chiquillo de tres o cuatro años. Su ropa podía desde lejos confundirse con la piel de los perros, con los que el niño parecía entenderse bien.

Sin embargo, cuando el chiquillo quiso coger un trozo de carne que comía la perra Chula, ésta intentó morderle, aunque, por suerte, sólo le alcanzó la manga. El pequeño corrió asustado y llorando a meterse entre las faldas de la moza. A Julián le dio pena, y bajándose, le tomó en brazos. Entonces pudo ver que, a pesar de lo sucio que estaba, era el niño más hermoso del mundo.

—¡Pobre! —le dijo cariñosamente— ¿Te ha mordido la perra? ¿Dónde te duele, me lo dices?

Observó el capellán que sus palabras producían un gran efecto en el marqués. Éste le arrancó el niño a Julián y le sentó sobre sus rodillas para ver si estaba herido. Al ver que sólo tenía el chaquetón roto, se rió.

—Ni siquiera te ha tocado la Chula. ¡A callarse y a reírse ahora mismo! ¿En qué se conocen los valientes?

Diciendo esto, llenó de vino su vaso y se lo dio al niño. Éste, sin dudarlo, lo bebió de un trago.

—¡Vivan los valientes! —gritó satisfecho el marqués.

–¿Y no le hará daño tanto vino? –dijo Julián, que hubiera sido incapaz de bebérselo él.

–¡Daño! ¡Qué dice usted! –respondió el marqués con no sé qué orgullo en la voz– Déle usted otros tres, y ya verá... ¿Quiere usted que hagamos la prueba?

–Los bebe, los bebe –afirmó el abad de Ulloa.

–No señor, no... Puede morirse... He oído que el vino es un veneno para los niños. Hambre es lo que tiene.

–Sabel, que coma el chiquillo –dijo el marqués, dirigiéndose a la criada.

Ésta trajo caldo para todos. Los hombres empezaron a comer con ganas. Vinieron después un cocido y una bandeja de chorizos y huevos que levantaron la sed de todos. El marqués le dio un golpe en el codo a Primitivo.

–Tráenos un par de botellitas... Del año cincuenta y nueve.

Primitivo trajo las botellas y llenó los vasos. Él bebía uno tras[11] otro bromeando con el abad y el señorito[12]. Sabel, por su parte, a medida que el alcohol calentaba las cabezas, servía con mayor confianza, quedándose cerca de la mesa para reír algún chiste, de los que hacían bajar los ojos a Julián. Lo cierto es que Julián bajaba la vista, no tanto por lo que oía, como por no ver a Sabel: desde el primer momento, el aspecto de la muchacha le había producido un extraño disgusto, a pesar o quizás a causa de que Sabel era un trozo de hermosísima carne. Para no mirar sus ojos azules, húmedos y brillantes, su color fresco, y su hermoso pelo rizado, Julián se fijaba en el chiquillo. Y éste, animado por aquella mirada, vino a meterse entre las rodillas del capellán. Instalado allí, le tiraba de la manga.

–¿Qué quiere? –preguntó Julián.

–¡El vino, hombre! –respondió el marqués riendo.

Antes de que Julián se decidiese, el marqués había cogido ya al niño. Se parecía a Sabel, pero sus ojos eran todavía más azules y alegres.

–¿A que te bebes otro vaso, Perucho? –le dijo el marqués, dejándole coger su vino.

El niño se lo tragó sin perder ni gota. En seguida empezó a reír y reír, pero se fue poniendo pálido y pronto dejó caer la cabeza sobre el pecho del marqués.

–¿Lo ven ustedes? –gritó Julián angustiadísimo– Es muy pequeño para beber así, y va a ponerse malo.

–¡Malo el rapaz[13]! –rió Primitivo– ¡Tonterías!

Cogió en brazos al niño y le mojó la cara con agua fría. Perucho abrió los ojos.

–¿Qué tal? –le preguntó Primitivo– ¿Otro vasito?

–¡Por Dios y por la Virgen*! ¡Va a matar al niño! No puede emborracharle así: es un pecado, un pecado tan grande como otros –protestó Julián, olvidando su timidez.

Primitivo no soltaba a Perucho, que decía que no con la cabeza. Sacó una moneda de su bolsillo y miró al capellán fríamente; metió la moneda en la mano del niño y la botella entre sus labios, hasta que se vació. Retirada la botella, el niño cerró los ojos, pálido como la muerte. El marqués, bastante serio, empezó a echar agua en la frente del niño. Pero todo fue inútil.

—Está borracho —dijo el marqués—. Esto no es nada. Que duerma y mañana estará más fresco que una lechuga.

Sabel se llevó en brazos al niño. La cena se acabó menos animada de lo que había empezado. Cuando terminó y se pensó en dormir, apareció Sabel de nuevo con una lámpara de aceite; con ésta le fue dando luz a Julián por la ancha escalera de piedra hasta su habitación.

Solo ya, Julián se puso a rezar. Después se acostó. Entonces empezó a bailar en su imaginación todo lo sucedido en el día: el viaje, el niño borracho, la atrevida Sabel, el grosero Primitivo, el marqués... Le volvían a la memoria unas palabras del señor de la Lage: «Encontrará a mi sobrino bastante bruto... La aldea, cuando nace uno en ella y no sale de allí jamás, tiene este efecto: le hace a uno vulgar y torpe».

III

DESPERTÓ Julián cuando ya entraba en la habitación un suave sol de otoño. Mientras se vestía, examinaba la habitación. Por todas partes había señales evidentes del último inquilino, hoy abad de Ulloa: puntas de cigarros pegadas al piso, artículos de caza, y muchísimo polvo.

Todo aquel desorden despertaba en el capellán deseos de limpieza, un deseo de ser limpio en la vida como puro en el alma. En el Seminario* sus compañeros le llamaban San Julián. No sabía cuándo pensó en ser sacerdote: tal vez su madre, que trabajaba en casa de los señores de la Lage, y a quien todos consideraban muy devota*, le empujó suavemente hacia la Iglesia; y él se dejó llevar. Su carácter tranquilo y dulce, femenino casi, le protegía del pecado de manera natural.

En su primer día en los Pazos bien necesitaba lavarse para quitarse el polvo del camino. Pero no encontró allí ni agua ni jabón. Quedóse parado sin saber qué hacer, medio desnudo, hasta que decidió tomar al menos un baño de aire, si no de agua, y abrió la ventana.

Lo que alcanzaba la vista le dejó encantado. Delante de los Pazos se abría un valle suave, lleno de bosques de castaños, campos de maíz[14], y huertos. El aire llenaba los pulmones de Julián: sintió entonces desaparecer parte del miedo que le daba la gran casa y lo poco que había visto de sus habitantes. Como para recordarlo, oyó tras de sí unos pasos. Se volvió y se encontró con Sabel, que le traía una jarra de agua y una toalla. Venía la moza con el pelo suelto y sin peinar; sin duda se acababa de levantar de la cama. Julián se cubrió rápidamente.

—Otra vez haga el favor de llamar antes de entrar... Pudo haberme cogido en la cama todavía... o vistiéndome. Y otra cosa... —siguió Julián—, esto está algo... sucio, ¿no le parece? Sería bueno barrer... quitar el polvo...

—Sí, señor. No se preocupe, que lo haré —dijo Sabel.

Julián, agradecido, quiso mostrarse amable.

—¿Y el niño? —preguntó— ¿No le hizo daño lo de ayer?

—No señor... Ya está corriendo por ahí.

—Lo que no sucede en un año sucede en un día, Sabel —advirtió gravemente el capellán—. ¿Por qué le aguanta a Primitivo que le dé tanta bebida? Es su deber impedirlo.

Sabel miró pesadamente a Julián. Después exclamó:

—Yo qué quiere que haga... No puedo ir en contra de mi señor padre.

Julián calló un momento, sorprendido. ¡Así que quien había emborrachado al niño era su propio abuelo! No supo qué decir. Cambió de tema y preguntó:

—¿Se ha levantado ya el señor marqués?

–Sí, señor. Debe de estar por el huerto.

–Por favor, lléveme hasta allí –dijo Julián.

Encontraron al marqués paseando distraídamente. Julián le acompañó. Mientras caminaban juntos, el marqués iba dando a Julián explicaciones sobre sus tierras.

–Ahora vamos a ver la casa –indicó el señor de Ulloa–. Es la más grande del país –añadió orgullosamente.

Entraron en el caserón[15], por la puerta que daba al huerto. Cruzaron el patio y varios salones con muebles muy viejos, rotos y llenos de polvo. Pararon en una habitación bastante pequeña y llena de estanterías en las que descansaban montones de papeles atados con cuerdas.

–El archivo[16] de la casa –anunció el marqués.

Luego explicó que aquello estaba desordenadísimo por la falta de cuidado de un tal fray* Venancio, antiguo administrador[17] de su padre, y del actual abad de Ulloa.

–Pero así no puede seguir –exclamó el capellán–. ¡Papeles de importancia tratados de ese modo! Señorito, ¿por qué no ponemos esto en orden entre usted y yo?

Al señorito le gustó el proyecto y quedaron en empezar al día siguiente. Desgraciadamente, Primitivo descubrió algunas buenas piezas de caza: el marqués cogió la escopeta y dejó a su capellán solo con los documentos.

IV

JULIÁN trabajó sin descanso cada mañana. Limpió, planchó con la mano y juntó los pedazos rotos de algún documento. Parecíale estar quitándole el polvo, pegando y poniendo en orden la misma casa de Ulloa, que iba a salir de sus manos totalmente nueva. El trabajo era mucho menos fácil de lo que parecía y a veces incluso desagradable para el cura: el olor a humedad le impedía respirar; algunos de los papeles, comidos por los ratones, se convertían en polvo entre sus manos en cuanto los levantaba; de entre aquellos documentos salían volando toda clase de insectos que el pobre cura mataba como podía.

Al final, a fuerza de paciencia y decisión, triunfó Julián en su lucha contra aquellos bichos y consiguió limpiar y colocarlo todo. Pero el verdadero trabajo consistió en poner en orden los documentos: cuando no era la letra la que no se podía leer, eran las cuentas de la casa las que no se podían entender. Fray Venancio no había dejado rastro de su administración; y los libros del abad de Ulloa estaban llenos de extrañas marcas y cruces. Imposible saber quién pagaba y quién no, quién alquilaba tierras o cuánto se gastaba y se cobraba en los Pazos.

Por fin se decidió Julián a hablar con el marqués.

—Señorito, yo no saco nada en claro... Aquí se necesita un abogado, una persona que entienda.

—Sí, sí, hace mucho tiempo que lo pienso yo también... Es importante examinar todo eso porque deben de haberse perdido muchos documentos. ¿Cómo ha encontrado usted el archivo? ¿Un desastre? Seguro que sí.

Dijo esto el marqués con aquella expresión apasionada y triste que siempre tenía al tratar de sus asuntos. Y mientras hablaba, iba poniéndole el collar a la Chula, la perra con la cual iba a salir de caza.

La verdad era que el húmedo archivo había producido en el alma de Julián la misma sensación que toda la casa: la de una ruina que se venía abajo a toda prisa. No sabía Julián cuánta verdad había en esa sensación.

A don Pedro Moscoso se le murió el padre cuando era muy niño. Al quedarse viuda su madre, su tío Gabriel se vino a los Pazos, para acompañarla, decía, y protegerla. Sin embargo, la gente pensó que venía para disfrutar de las riquezas de su cuñado muerto. Y lo cierto es que, muy pronto, don Gabriel se hizo dueño de la casa: trajo un nuevo administrador, Fray Venancio, muy viejo ya y medio idiota, al que utilizaba a su gusto. Así fue quedándose con todo. Poco se le escapaba, pero si algo de dinero llegaba a manos de su hermana, doña Micaela, tampoco se veía: ésta lo guardaba en algún lugar que sólo ella sabía. Mientras, don Gabriel se ocupaba también de la educación de su sobrino, aunque a su manera: le llevaba a ferias, a cazar y a otras fiestas menos inocentes.

Un día que tío y sobrino estaban de caza con los criados, entró en la casa un grupo de veinte hombres con las caras tapadas, que obligaron a doña Micaela a que les dijese dónde estaba guardado el dinero y lo robaron todo. Fray Venancio no necesitó más pasaporte para irse al otro mundo, de puro miedo, en una semana; al poco tiempo, la señora también murió. Así quedó don Pedro sin otro pariente que su tío.

Éste, para ocupar el sitio de fray Venancio, buscó a un sacerdote, gran cazador, incapaz de asustarse ante[11] unos ladrones. Por entonces, les acompañaba en sus días de caza Primitivo, la mejor escopeta del país y padre de la moza más guapa del lugar. Los dos se instalaron también en los Pazos, ella como criada y él para llevar todos los asuntos de la caza. Don Gabriel los tenía bien controlados, pues se había dado cuenta de que Primitivo podía ser un riesgo serio para su influencia: pero unos años después de la muerte de su hermana, don Gabriel se puso enfermo, y se fue a vivir a Cebre, donde se había casado en secreto. Tuvo tres hijos a los que, al morir, dejó todos sus bienes, sin dejar a su sobrino ni el reloj de recuerdo.

Así se encontró el último de los Moscosos solo en el mundo, con la casa hecha una ruina, como bien había adivinado Julián. Para salvar los Pazos, don Pedro había intentado encontrar el oro escondido por su madre; pero, o la señora no había guardado más dinero desde el robo o lo había ocultado tan bien que nadie podía encontrarlo.

Vio Julián entre los papeles que don Pedro había tenido que pedir prestado y aquello le llenó de tristeza: el buen capellán sentía ya como suya la casa que le había recibido. Y más triste fue descubrir que el mismo título de Marqués de Ulloa había sido vendido unos años antes.

Porque ya es hora de decir que el verdadero marqués de Ulloa se paseaba tranquilamente por Madrid, mientras Julián organizaba el húmedo archivo de los Pazos. Pero la gente de aquellas aldeas seguía llamando marqueses a los propietarios del caserón. Éstos no protestaban: eran marqueses por derecho[18] de costumbre; y, cuando algún campesino le saludaba con respeto, don Pedro sentía el orgullo más natural del mundo.

V

AHORA que Julián conocía el estado de la casa, le hubiera gustado actuar como administrador; pero, no podía; su falta de experiencia en las cosas del campo y del Derecho se veía a cada paso. Trataba de estudiar el funcionamiento de los Pazos. Visitaba todos los rincones, preguntaba, hacía cuentas: trabajo inútil, porque aunque adivinaba la existencia de abusos por todas partes, no conseguía, por ser demasiado inocente, poner el dedo sobre ellos. El señorito, ocupado con la caza y las ferias, no le acompañaba nunca, de manera que el guía de Julián era Primitivo. Guía pesimista: cada cosa que Julián proponía, Primitivo decía que era imposible y ponía mil problemas. Y lo peor era observar la autoridad de Primitivo sobre todo y sobre todos. Julián se sentía mal en presencia de aquel hombre que, bajo la apariencia de un criado, tenía todo el poder de un amo. Además, Julián sentía que Primitivo le observaba atentamente, como buscando su punto débil.

Iba pasando el invierno y el capellán se acostumbraba a la vida del campo. Aumentaba su cariño por Perucho, siempre mal vestido, sucio, y viviendo más con los animales que con su familia. Decidió aprovechar las largas noches de invierno para enseñarle a leer.

Se instalaban en la cocina. En aquel tiempo frío, ésta se llenaba de mujeres que entraban y salían, sacando todas algún provecho. Sabel era allí la reina: a unas las invitaba a un caldo, y otras se llevaban escondido un trozo de pan o de chorizo. Julián, ocupado con el niño, no se enteraba de nada. Pero le molestaban las confianzas que se tomaba la moza, que se le acercaba continuamente con el pretexto de buscar algún objeto en el cajón de la mesa. Cuando la criada le miraba con sus ojos azules, bañados en caliente humedad, el capellán se sentía tan mal como cuando sentía sobre él la mirada de Primitivo. Poco a poco se convenció de que padre e hija planeaban algo contra él.

Julián buscó entonces refugio en su habitación, a donde llevó a Perucho a estudiar con él; pero las cosas se complicaron de un modo más desagradable: Sabel empezó a ir y a venir a su habitación demasiado a menudo. Tenía siempre algún pretexto: recoger los platos del desayuno, llevar una toalla..., y allí se quedaba largo rato.

Una mañana entró Sabel con el agua para el aseo del capellán. Éste se dio cuenta que venía en ropa interior, con la camisa medio abierta, el pelo suelto y desnudos un pie y una pierna blanquísimos. Julián dio un paso atrás: la jarra tembló en su mano y se le cayó parte del agua al suelo.

—Cúbrase usted, mujer —apenas acertó a decir—. No me traiga el agua cuando esté así... Ése no es modo de presentarse ante la gente...

—Me estaba peinando y pensé que me llamaba... —respondió ella tranquila, sin intentar cubrirse.

—Aunque la llamase, no tenía por qué venir así. Otra vez, que me suba el agua otra persona..., cualquiera.

Desde entonces Julián se alejó de Sabel como de un animal peligroso. Pero ella no abandonó su propósito. Una tarde, mientras leía tranquilamente, Julián la sintió entrar; notó, sin levantar la cabeza, que arreglaba algo en el cuarto. De repente oyó un golpe y vio a la moza caída sobre la cama, quejándose. Julián se acercó para ayudarla, pero, al segundo, vio que todo era mentira.

—¡Fuera de aquí o la echo a golpes! Usted no vuelve a cruzar esa puerta —exclamó Julián furioso—. ¡Fuera!

Desde entonces, Julián tuvo que barrerse el cuarto y subirse el agua porque nadie hizo caso de sus órdenes. Pero lo más preocupante fue que Primitivo no se escondía ya para mirarle con ojos terribles, como a un enemigo. Julián sabía que estorbaba en los Pazos: ¿por qué?

Julián se sentía alegre como uno más; salía ya a disfrutar el aire libre cuando vio, en medio del baile, a Sabel que, vestida con lujo, bailaba muy animada con otros jóvenes.

VI

DE los curas de las aldeas próximas, con ninguno se llevaba Julián tan bien como con don Eugenio, el de Naya. Por eso, cuando don Eugenio le invitó a pasar en Naya el día del santo patrón, aceptó con gusto.

El día empezó con una misa y, terminada ésta, mozos y mozas organizaron un animado baile a la puerta de la iglesia. Julián se sentía alegre como uno más; salía ya a disfrutar el aire libre cuando vio, en medio del baile, a Sabel que, vestida con lujo, bailaba muy animada con otros jóvenes. Esta vista le estropeó un poco la fiesta.

A la hora de la comida, los invitados fueron sentándose alrededor de mesas abundantemente servidas. Los asientos principales se ofrecieron al gordo arcipreste* de Loiro, por respeto a sus años y cargo, y a Julián, en quien se reconocía a la casa de Ulloa.

Entre los demás invitados había unos quince curas y otras personas no menos importantes: el médico, el juez de Cebre, el señorito de Limioso y el famosísimo cacique[19] conocido por el nombre de Barbacana. Este último controlaba la zona de acuerdo con el partido moderado[20], entonces en el poder, y era amigo de los curas; todo lo contrario de su gran

enemigo, el cacique Trampeta que, protegido por los unionistas[20] y poco querido por la Iglesia, había perdido últimamen-
te casi toda su influencia. En fin, que allí estaban reunidas
las personas más importantes del lugar, faltando sólo el
marqués de Ulloa, que vendría a la hora del postre.

La comida consistió en una larga serie de platos, los veintiséis tradicionales en la fiesta del patrón de Naya. Julián se
sentía mal, enfermo de tanto comer y de oír cómo, con el vino,
se calentaba la conversación: se contaban chistes y se hablaba
de mujeres; también, de política y de religión, y se discutía
levantando la voz cada vez más. Por suerte, la llegada del
señorito de Ulloa distrajo a los invitados y puso un poco de
paz. Venía el marqués, según su promesa, a tomar sólo una
copa, porque le esperaba buena caza allá, en la montaña.

Cuando se fue don Pedro, ya se había calmado la dis-
cusión, y la mesa, en absoluto desorden, indicaba el final de
la comida. Julián estaba cansado, pero no se atrevía a reti-
rarse: los invitados fumaban tranquilamente mientras hablaban de las personas más famosas del país.

Se trataba del señorito de Ulloa y de su gusto por la
caza, cuando, sin que Julián adivinase la causa, se pasó inmediatamente a hablar de Sabel; se comentó su belleza y, al
mismo tiempo, se dirigieron a Julián señas y sonrisas como
si la conversación se relacionase con él. El capellán bajaba
la vista, hasta que de repente, sintió que no podía controlarse: miró furioso a su alrededor y soltó unas cuantas pala-

bras fuertes que hicieron callar a todos. Don Eugenio, viendo su fiesta estropeada, se levantó y propuso a Julián salir a tomar un poco el aire.

El huerto estaba fresco y tranquilo; los dos curas se tumbaron a la sombra de unas ramas en flor.

–Quiero pedirle perdón por lo que ha pasado en la mesa –empezó Julián–. Reconozco que a veces soy así... un poco violento... Y, además, hay conversaciones que no puedo soportar. Póngase usted en mi caso.

–Me pongo, me pongo... También se burlan de mí a cada rato, hablándome de mis primas... pero, no lo hacen con mala intención; es por reírse un poco.

–Hay bromas y bromas, y éstas no se le pueden hacer a un sacerdote. Alguien podría tomárselas en serio y, para un sacerdote, es peor lo que se diga de él que sus mismos pecados. Usted lo sabe.

Julián calló un momento. Luego siguió:

–Eugenio, ¿es usted mi amigo?

–¡Siempre! –contestó sinceramente[21] el de Naya.

–Pues dígame la verdad. ¿Dicen por ahí «eso»... de mí... y de Sabel? Porque, créame, bien sabe Dios que no me gusta esa mujer. No creo que la haya mirado a la cara más de cinco o seis veces desde que estoy en los Pazos.

–¡Hombre!, pues a la cara se la puede mirar, que la tiene como una rosa. ¡Cálmese! Nadie piensa mal de usted con Sabel. El marqués no será muy inteligente y la moza se distraerá con los de su clase todo lo quiera; pero no se atreverá a engañarle delante de sus narices, con el mismo capellán... Hombre, el marqués no es tan tonto.

Julián abrió los ojos como platos.

—¿El señorito?... ¿qué tiene que ver el señorito?

El cura de Naya no pudo evitar reírse con todas sus ganas. Julián, comprendiendo, preguntó otra vez:

—¿Entonces el chiquillo... el Perucho?

Volvió don Eugenio a reírse hasta llorar.

—No se ofenda si me río. No puedo evitarlo. ¡Es usted un santo! ¡Vivir en los Pazos y no saber nada!

—De verdad que no tenía ni idea. Si no, me hubiera ido de allí. Pero... ¿usted está seguro de lo que dice?

—Hombre... ¿Es usted ciego? ¿No lo ha notado?

—¡Qué sé yo! ¡Cuando uno no piensa mal! Y el niño... ¡Qué pena me da! No sabe lo que es una familia cristiana.

—Bah... Esos hijos nacidos fuera de la Iglesia... Y todo lo que se dice... Que si Sabel es una moza alegre, que si ahora sale con el gaitero[22]... ¡Historias!

VII

REGRESABA Julián a los Pazos acusándose de haber sido demasiado inocente por no haberse dado cuenta de cosas tan gordas. Ya no podía seguir allí... Pero, ¿cómo volver a vivir a cuenta de su madre, sin traer más dinero que el de la misa? ¿Y cómo dejar al señorito, que le trataba tan bien? ¿Y la casa de Ulloa que tanto necesitaba quien ayudase a levantarla? Además: ¿y su deber de sacerdote?

Así, pensando, llegó Julián a los Pazos. Entraba ya cuando oyó unos gritos que le helaron la sangre. Corrió hasta la cocina y se quedó parado en la puerta ante lo que veía. Sabel, tirada en el suelo, gritaba de dolor; don Pedro, furioso, le daba golpes con la escopeta; en una esquina, Perucho lloraba. Sin pensar en lo que hacía, metióse Julián en medio del grupo.

—¡Señor don Pedro... señor don Pedro! —gritó.

Volvióse el señorito y quedó quieto. Estaba pálido y temblaba. Sin pedir disculpas ni ayudar a Sabel, gritó:

—¡Perra[23]... condenada*... danos pronto de cenar o te mato! ¡Levántate... o te levanto con la escopeta!

El capellán ayudó a Sabel a levantarse. Su vestido de fiesta estaba ahora sucio y roto. Tenía una herida en la cabeza y le caían gotas de sangre por el cuello.

—¡La cena, he dicho! —repitió furiosamente don Pedro.

Sin contestar, Sabel se dirigió al rincón donde Perucho seguía llorando y le cogió en brazos, apretándole mucho. Don Pedro se acercó también y, viéndole sangre en la frente, preguntó con la voz cambiada:

—¿Qué es eso? ¿Tiene algo Perucho?

La preocupación del marqués hubiese sorprendido a Julián, si no hubiera sabido, desde aquella misma tarde, que tenía ante sí a un padre que acababa de herir a su hijo. Por suerte, la herida del niño no era grave.

Sabel seguía callada. Por fin, en voz baja, pero con energía, pronunció sin mirar al señorito:

—Busque quien le haga la cena... y quien esté aquí... Yo me voy, me voy, me voy...

—¿Qué dices, mala mujer?

—Que me voy, que me voy. A mi casita pobre...

La moza se puso a llorar, y ya cogía el marqués otra vez su escopeta, dispuesto a hacer lo peor, cuando entró Primitivo en la cocina. Salió de un rincón oscuro,. como si hubiese estado allí oculto hacía rato. Su presencia cambió inmediatamente la cara de Sabel.

—¿No oyes lo que te dice el señorito? —preguntó suavemente el padre a la hija.

—Síí seeñoor, síí —dijo la moza, dejando de llorar.

—Pues a hacer la cena en seguida. Voy a ver si volvieron ya las otras muchachas para que te ayuden.

Sabel no dijo más y se puso a trabajar. El marqués tenía aún la escopeta en la mano. Cogiósela Primitivo con respeto y la colocó en el sitio de costumbre.

Julián creyó que era el momento de tomar una decisión.

—Señor marqués... ¿quiere que tomemos un poco el aire? Hace muy buena noche... Pasearemos por el huerto...

La noche estaba tranquila y no se movía ni una hoja.

—Señor marqués, yo siento tener que advertirle...

—Ya sé... ya sé... No debí pegarle. Dicen que no se debe pegar a las mujeres, pero hay mujeres... y mujeres. ¿No la ha visto usted todo el día, allá en Naya, bailando sin vergüenza? ¿No la ha encontrado usted a la vuelta bien acompañada? Hay cosas que uno no puede aguantar. Lo que siento es el golpe que le tocó al chiquillo.

—Señor marqués, a usted no puede importarle lo que haga una criada... La gente es mala y piensa que usted tiene relación con esa chica... Y yo... vamos... no puedo seguir en una casa donde, según la voz pública, un hombre y una mujer viven fuera del matrimonio.

—Bueno, bueno —contestó—, ya sabe usted lo que es ser hombre y joven. No me pida imposibles.

—Yo también tengo mis pecados —siguió Julián—, solamente que veo claro en este asunto y, por los favores que le debo a usted estoy obligado a decirle la verdad. Sinceramente, señor marqués, ¿no comprende que no puede ser? ¡Una cosa tan inferior a su clase, a su nacimiento!

—¡Una mujer sin vergüenza, que es lo peor! —exclamó el marqués— A Sabel, a Primitivo, y a esas mujeres que vienen a mi casa, a la aldea entera que les defiende, había que matarles. ¡Me están robando, me comen vivo, y encima esa mujer me odia y se va de mejor gana con cualquier criado que conmigo!

—Señor marqués, no puedo creer que se preocupe por algo tan fácil de arreglar. ¿Por qué no echa a esa mujer?

A pesar de la oscuridad Julián vio que el marqués hacía un gesto de disgusto.

—Decir es una cosa... —dijo con voz sorda—. Y hacer es otra. Si echo a ese enemigo, no encuentro quien me guise ni venga a servirme. Su padre no dejaría entrar a nadie en los Pazos. Un día cogí yo a Sabel y la puse en la puerta de la casa: la misma noche se despidieron las otras criadas. Estuve una semana haciéndome yo mismo la cama y la comida. Al final tuve que pedirle a Sabel que volviese. No lo dude usted, pueden más que nosotros.

—¿Por qué no busca a otro que haga el trabajo de Primitivo?

—¡Ay, ay! ¡No dice usted poco! Una de dos: o sería igual que Primitivo, o Primitivo le metería un tiro en la barriga... Además, no nos engañemos. Primitivo no es un criado, manda en todos, incluso en mí. No sabe leer ni escribir, pero es más listo que nadie. Mire usted, si él se cruza de brazos y decide no trabajar, nada funciona.

Julián ya no sabía qué responder. Finalmente se le ocurrió decir:

—Pero, señor marqués... ¿por qué no sale un poco de aquí...? Si se va algún tiempo, no sería difícil que Sabel se casase con alguien de su condición y que usted encontrase esposa. ¿Por qué no se casa, señorito?

Si no fuera por la oscuridad, Julián habría visto brillar los ojos del marqués.

—¿Y cree que no había pensado ya en eso? ¿Cree que no sueño cada noche con un chiquillo que se me parezca y que no sea hijo de una condenada...; que se quede con todo esto cuando yo me muera... y que se llame como yo?

Julián, lleno de esperanza, iba a animarle a seguir con tan buenas intenciones, cuando oyó un ruido.

—¿Qué es eso? —exclamó volviéndose.

El marqués le cogió del brazo.

—Primitivo —dijo en voz baja y otra vez furioso...—. Nos vigila y lo habrá oído todo. ¡Qué imprudentes...! ¡Dios mío! ¡Vale más ir a la cárcel que llevar esta vida!

VIII

MIENTRAS se afeitaba los cuatro pelos rubios que tenía en la cara, Julián planeaba su marcha de los Pazos. Y mientras pensaba en todos los detalles, miraba con pena el verde paisaje, el huerto con su estanque, la montaña, el cielo limpio; se había acostumbrado a aquella soledad y silencio, tan de su gusto que deseaba pasar allí toda su vida. Dios nos lleva y nos trae según su voluntad... No, no era Dios, sino el pecado, en figura de Sabel, quien le echaba de este maravilloso lugar. La idea le puso nervioso y se cortó dos veces. Y a punto estuvo de cortarse otra vez, porque alguien le puso una mano en el hombro.

Se volvió... ¿Quién hubiera reconocido a don Pedro, tan cambiado como venía? Afeitado, lavado y vestido con un traje muy elegante, parecía un hombre nuevo. En seguida lo comprendió todo Julián... y el corazón le saltó de alegría.

—¡Señorito...!

—Vamos, deprisa... Tiene usted que acompañarme a Santiago y tenemos que llegar a Cebre antes de mediodía.

—¿De verdad viene usted? ¡Parece cosa de Dios! Yo estuve hoy preparando la maleta, pero si quiere que me quede aquí mientras usted está fuera...

–¡Qué dice! Si salgo solo, se me estropea la fiesta. Voy a dar una sorpresa al tío Manolo, y a conocer a las primas, que no las he visto desde que eran pequeñas. Ya he mandado a Primitivo que prepare el caballo y la burra.

En ese momento entró por la puerta Primitivo con cara seria, lo que no gustó ni a don Pedro ni a Julián.

–Vamos a ver, ¿qué ocurre? –preguntó el marqués.

–El caballo no sirve para el camino –respondió Primitivo sin levantar la voz.

–¿Por qué razón? ¿Puede saberse?

–No tiene ni una herradura[24].

–¡Mal rayo te parta! –gritó el marqués echando fuego por los ojos– ¡Ahora me dices eso! ¿No es tu trabajo hacer esas cosas?

–Como no sabía que el señorito quisiese salir hoy...

–Señor –intervino entonces Julián– yo iré a pie. Lleve usted la burra.

–Tampoco hay burra –continuó el cazador con calma.

–¿Que... no... hay... bu-rraaaaa? –gritó, cerrando los puños, don Pedro–. A ver, a ver... Repíteme eso, en mi cara.

Primitivo no se movió y repitió fríamente:

–No hay burra. Ayer, al volver del campo, el rapaz que la cuida le encontró dos heridas de cuchillo en la barriga.

–Está bien. Coge ahora mismo mi saco y la maleta de don Julián... Nos vamos a pie hasta Cebre... Andando bien, tenemos tiempo de coger el coche que va a Santiago.

Los cogió el cazador y sin perder su calma helada se los entregó a dos mozos de campo[2] para que acompañaran al señorito y a Julián.

Sorprendióse el marqués porque Primitivo jamás perdía la ocasión de acompañarle. Pensó don Pedro en obligarle a ir, puesto que no tenía ninguna confianza en él. Por no discutir prefirió dejarle, pero le miró fijamente intentando descubrir en su cara qué estaría preparando. Nada bueno podía ser.

Subió don Pedro a su habitación y volvió con la escopeta al hombro. Julián le miró sorprendido, aunque no dijo nada. De pronto, el capellán recordó a Perucho y fue a la cocina para despedirse del niño. El marqués se quedó en la puerta, quizás con la ilusión de ser detenido por Sabel: pero como ésta no aparecía, el marqués salió delante y se fue por el camino que conducía al crucero.

Iba don Pedro hablando tranquilamente con Julián del tiempo y de la sorpresa que se llevaría el señor de la Lage, pero sus ojos no dejaban de vigilar con cuidado los alrededores. Cuando llegaron delante de la cruz negra, Julián se puso a rezar, muy bajito. Los mozos que llevaban el equipaje se habían adelantado mucho. De pronto, hacia la derecha, se oyó un ruido, tan ligero, que sólo una oreja de buen cazador, como la de don Pedro, podía haberlo oído. El señorito vio la escopeta apuntando tan recto que no podría perderse el tiro: pero no apuntaba[25] a su pecho, sino a la espalda de Julián. La sorpresa le detuvo un instante, pero reaccionó en seguida y, echándose a la cara su arma, apuntó directamente al enemigo escondido. La situación no duró mucho. El más inteligente cedió y Primitivo salió de entre los árboles con su vieja escopeta al hombro. Julián terminó de rezar rápidamente y le dijo amablemente:

—¡Hola!... ¿Se viene usted por fin con nosotros?

—Sí señor —contestó Primitivo, sin mostrar ningún sentimiento—. Voy a ver si cazo algo de aquí a Cebre.

—No, hoy no se caza, que va a llover y tenemos que ir deprisa... —dijo don Pedro—. Marcha delante y enséñanos el camino.

—¿No lo sabe el señorito?

—Sí..., pero a veces me distraigo.

Como ya había sonado dos veces el timbre y ningún criado salía a
abrir, bajaron las señoritas de la Lage en grupo a abrir la puerta.
Se quedaron sorprendidas al encontrarse con un elegante mozo.

IX

COMO ya había sonado dos veces el timbre y ningún criado salía a abrir, bajaron las señoritas de la Lage en grupo a abrir la puerta. Se quedaron sorprendidas al encontrarse con un elegante mozo que les decía:

—¿A que nadie me conoce aquí?

Sintieron ganas de irse de allí corriendo, pero la tercera, la menos guapa de todas las hermanas, que tendría unos veinte años, dijo:

—Seguro que es el primo Perucho Moscoso.

—¡Bravo! —exclamó don Pedro— ¡Aquí está la más lista de la familia!

Fue a abrazarla, pero ella le dio la mano y se metió en casa gritando:

—¡Papá!, ¡papá! ¡Está aquí el primo Perucho!

Se oyeron unos pasos que hicieron temblar todo el piso... Apareció el enorme señor de la Lage, llenando con su presencia la sala, y don Pedro abrazó a su tío, que le llevó casi en brazos al salón. Julián, que se había ocultado detrás de la puerta para no estropear la sorpresa del señor de la Lage, salió riendo y saludó a las señoritas. Luego fue rápidamente en busca de su madre.

Mostróse el señor de la Lage encantado con el aspecto de su sobrino y le habló con familiaridad, para inspirarle confianza.

—¡Muchacho, qué bien te veo! Estás más hombre que yo... Siempre te pareciste a Gabriel y a mí... A tu padre nada. No saliste Moscoso, chico; eres Pardo de pies a cabeza. Ya has visto a tus primas, ¿verdad? Chiquillas, ¿qué le decís al primo?

Todas vinieron a darle un abrazo: Rita, la primera; Marcelina —o Nucha, como la llamaban todos—, la última, porque su padre la empujó y fue a caer, roja de vergüenza contra el pecho de don Pedro. Hechas así las amistades, el señor de la Lage y su sobrino empezaron a hablar del viaje y de sus causas. No explicaba muy bien el sobrino la razón de su venida, pero el tío no insistió:

—Ya Julián me lo contará *todo* —pensaba.

Y sonreía feliz, pensando en cierta idea que tenía secretamente en la cabeza desde hacía tiempo, pero que nunca se le había presentado tan clara como entonces. Quería don Manuel Pardo casar a sus hijas. Y ¡qué mejor esposo para ellas que el primo Ulloa! Así que don Manuel se propuso hacer todo lo posible para que su sobrino pasase a ser su yerno.

¿Pensaban las primitas lo mismo que su padre? Lo cierto es que las cuatro se fueron rápidamente a ponerse guapas para la hora de comer. Se decidió que el primo se quedaba en casa y enviaron a buscar su maleta.

La comida fue muy alegre. En seguida se estableció un trato[26] familiar entre don Pedro y las señoritas: todo era pretexto para bromas, para carreras alrededor de la mesa, para amabilidades, para risitas. Las que dirigían aquellos juegos aparentemente inocentes eran Rita y Manolita, las dos mayores. Nucha y Carmen se reían, sí, pero no participaban activamente; con una diferencia: en la cara de Carmen, la más joven, se notaba una tristeza constante, y en la de Nucha se advertía sólo gravedad natural, tranquila.

Don Pedro, por su parte, estaba encantado de haber hecho el viaje. Pensaba en las primas una por una, preguntándose a cuál tiraría el pañuelo. La pequeña, Carmen, era muy guapa, pero parecía demasiado romántica para el gusto de don Pedro. La tercera, Nucha, parecíase bastante a la pequeña, sólo que más fea y un poco bizca[27], lo que hacía que su mirada pareciese un poco perdida. Manolita era muy alegre, pero tenía un aspecto un poco masculino, cosa que a don Pedro le resultaba desagradable. La que más le gustaba, sin duda, era Rita, la hermana mayor. Más que su cara le gustaban sus formas, sus hermosas curvas, su pecho. Era el suyo un cuerpo de madre. ¡Hermoso vaso, en verdad, para encerrar un pequeño Moscoso destinado a continuar el nombre de la familia!

Pasaron al salón después de la comida y las primas le enseñaron todo lo que en él había, sobre todo, muchas fotografías. Nucha le enseñó una, preguntándole:

–¿Le conoces? Es mi niño.

—¿Tu niño? —dudó don Pedro antes de entender— ¡Ah! Ya sé. Es vuestro hermano, mi señor primo, Gabrieliño[28].

—Pues claro: ¿quién si no? —exclamó Rita riéndose— Pero esa Nucha le quiere tanto que le llama su niño.

Agotado el salón, las hermanas enseñaron a don Pedro el resto de la casa, y finalmente le llevaron a la terraza, desde la que se veía todo Santiago.

—Aquello es la Catedral... —le decía Rita—. ¿No la has visto todavía? ¿Ni el Casino[29]? ¡No has visto nada!

—No, hija. Ayer no hice más que llegar y acostarme.

—Pues hoy tienes que ver algo... y no faltar al paseo... Hay chicas muy guapas.

—De eso ya me he enterado, sin necesidad de ir a pasear —contestó el primo, echando a Rita una mirada que ella devolvió abiertamente.

X

Y en efecto, le enseñaron al marqués de Ulloa muchas cosas que no le interesaban demasiado. Nada era como él había imaginado, como ocurre a las gentes acostumbradas a vivir en el campo, que se forman de la ciudad una idea exagerada. Pareciéronle, y con razón, estrechas las calles, húmedas las paredes, negros los edificios, muerto el comercio y nada animados los sitios públicos; como sabía muy poco de arte, todo lo veía sencillamente viejo, feo o mal hecho. Total, que de todos los monumentos de Santiago el que más gustaba al marqués era su prima Rita.

Todas las tardes salían de paseo, con medio Santiago. Carmen y Nucha solían ir delante, y las seguían Rita y Manolita, acompañadas por su primo; el padre iba detrás conversando con algún señor mayor. A menudo se acercaba a Manolita un señorito muy elegante, de una elegancia exagerada y algo ridícula: llamábase don Víctor de la Fermoseda y estudiaba Derecho en la Universidad; no le importaba a don Manuel Pardo verle acercarse a sus hijas, por ser de noble y rica familia. Sin embargo, menos gracia le hacía observar cómo Carmen animaba su cara triste cuando veía a cierto joven de pelo largo que, envuelto en un viejo abrigo gris, solía seguirles como una sombra. Don Pedro, como buen cazador, se daba cuenta de todo. Nucha no debía de tener ningún enamorado, o si lo tenía, no le hacía caso. A Rita le gustaba provocar mucho a su primo, y no poco a los demás, puesto que a todos los jóvenes que se le acercaban, ella contestaba con las más vivas miradas. Esto no le gustaba al marqués de Ulloa que, tal vez por ser el primero en responder al atractivo de las mujeres poco tímidas, tenía de ellas la peor opinión.

Las habitaciones de Julián y del marqués estaban al lado la una de la otra. De noche, don Pedro se metía en el dormitorio del capellán a fumar un cigarrillo y a charlar. Le decía que la idea de casarse le agradaba cada vez más. Y empezaba a hablarle de las primas una por una.

—Rita me parece poco seria, ¿sabe? —comentaba don Pedro— Por el paseo va siempre entretenida en si la miran o no, si le dicen o no le dicen... Y para casarse, no es bueno que la mujer se fije en el primero que llega.

—Desde luego, señorito. Pero pueden ser sólo apariencias. La señorita Rita es así, abierta y alegre.

Noche tras noche, don Pedro volvía otra vez a la misma conversación. Quería hacer hablar a Julián.

—Usted ha vivido toda su vida en esta casa y conoce bien a mis primas. Cuénteme exactamente cómo es Rita.

—Señorito, de verdad... Yo viví en esta casa pero mi madre no me dejaba jamás jugar con las señoritas. Sólo buenos días y buenas noches. Luego me fui al Seminario.

–¡Bah, bah! No me venga con cuentos. Seguro que usted lo sabe todo. Su madre tiene que haberle contado... ¿Acerté? Se ha puesto colorado. Vamos, dígamelo todo.

Julián estaba rojo como un tomate. ¡Claro que su madre le contaba todo! A nadie más le hubiera contado esas cosas, pero a su hijo, que además era sacerdote... Sin embargo, una cosa era que se lo contasen y otra que lo contase él. ¿Cómo contar que la señorita Carmen quería casarse con aquel estudiantillo de Medicina, que era un don nadie? ¿Cómo revelar que la señorita Manolita le escribía cartas sin firmar a don Víctor de la Fermoseda? Y sobre todo, ¿cómo decir nada de *aquello* de la señorita Rita que, mal entendido, podría hacerle mucho daño?

–Señorito... –dijo–. Yo creo que las señoritas son muy buenas, pero aunque no fuera así, no le diría nada. Yo le debo todo a esta familia.

–Bueno, ¿entonces usted piensa que no hay nada malo en ellas? ¿Las considera usted a todas iguales... perfectas... para casarme con cualquiera de ellas?

Pensó Julián antes de responder.

–Si usted se empeña en que le descubra todo lo que tengo en el corazón... sinceramente, aunque todas son muy simpáticas..., me quedaría con la señorita Marcelina.

–¡Hombre! Es algo bizca... y delgada... Sólo tiene buen pelo y carácter.

–Señorito, es una joya.

—Será como las demás.

—Es única. Cuando el señorito Gabriel se quedó sin mamá, ella le cuidó como una madre, y no era mucho mayor que él. Y a sus hermanas siempre les da buenos consejos.

—Será porque los necesitan —dijo don Pedro divertido.

—¡Jesús! Todo lo entiende usted mal. Bien sabe usted que por encima de lo bueno está lo mejor, y la señorita Marcelina es casi perfecta. Es además muy religiosa.

Pero no se quitaba el marqués a Rita de la cabeza. Sin embargo, cuanto mayor era su interés por Rita, mayor era la falta de confianza que le inspiraba: una mujer a la que le gustaba tanto divertirse no haría nunca una buena esposa. La muchacha a quien daría su apellido debía ser limpia como un espejo; y para don Pedro, una simple mirada fuera de lugar era ya pecado gordo. Entendía el marqués el matrimonio a la manera española pura, de total libertad para el marido y sin perdón para la mujer.

XI

Hacía un mes que don Manuel Pardo se preguntaba a sí mismo: «¿Cuándo se decidirá el rapaz a pedirme a Rita?» Porque, en aquella casa, todos consideraban a don Pedro como novio de Rita y le aceptaban como tal.

Por eso no se puede describir el placer que sintió don Manuel Pardo al ver entrar en su cuarto una mañana al sobrino con cara seria. Había oído don Manolo que, donde hay varias hermanas, lo difícil es casar a la primera; así que, colocada Rita, sería fácil casar a las demás, excepto a Nucha tal vez... Pero Nucha no le hacía peso en la casa: se ocupaba maravillosamente bien de ella; además, si no encontraba marido, también podría vivir con su hermano Gabriel, cuando éste estableciese su propia casa. Con estos agradables pensamientos, se preparó don Manolo a recibir las dulces palabras de su sobrino... Lo que recibió fue un escopetazo[8].

—¿Porqué se asusta usted tanto, tío? —exclamaba don Pedro disfrutando por dentro con la sorpresa del viejo— ¿Hay algún problema? ¿Tiene Nucha otro novio?

Intentó don Manuel convencerle de que estaba equivocado: le habló de la mala salud de su hija, de su escasa belleza... Finalmente, sin saber ya qué decir, preguntó a su sobrino:

—O sea, que Nucha... tan calladita... ¿Y qué dice la niña, vamos a ver?

—Usted se lo preguntará, tío... Yo no he hablado con ella. Ya somos viejos para tonterías de enamorados.

La noticia cayó como una bomba en la familia: conversaciones con el padre, discusiones de las hermanas entre sí, lloros escondidos, silencios en las comidas, consultas a amigos... Y como en provincias las paredes son de cristal, se habló en todo Santiago de la situación que el primo había provocado entre las señoritas de la Lage.

La boda de Nucha y don Pedro se celebró a finales del mes de agosto. Casáronse por la tarde, en una iglesia pequeñita. Al regresar, hubo refresco para la familia y amigos íntimos solamente, todo muy bien servido. Alrededor de la mesa, que no adornaba ninguna flor, los invitados, aún bajo el efecto del miedo que produce la ceremonia del matrimonio, hablaban bajito, lo mismo que en un entierro. El mismo Julián, aunque satisfecho de ver a su Nucha casada con el marqués, sentía en el corazón un peso raro, como un extraño temor.

Seria y atenta con todos, la novia servía a los invitados. Mientras, el novio hablaba con los hombres y repartía excelentes cigarros. Nadie se atrevió a mencionar el importante acontecimiento ni a hacer bromas que pudieran poner colorada a la novia; tan sólo algunos invitados, al despedirse, insistieron con sonrisas en sus *buenas noches*, mientras las señoras, besando a la novia, le decían al oído: «Adiós, *señora...*»

Don Manuel llevó a su hija a la habitación del nuevo matrimonio, abrazándola muy cariñosamente. Era la primera vez que casaba a una hija y sentía muy fuerte su amor de padre.

La habitación tenía como única luz dos velas encendidas. Las rojas cortinas que cubrían la cama, parecidas a cortinas de iglesia, y las sábanas, blancas y puras, daban a la habitación un aspecto de capilla*. Y allí, en el silencio, quedó Nucha, sola, temblando como la hoja en el árbol. Se puso de rodillas para rezar. Oyéronse en el pasillo pasos fuertes, pisar de botas nuevas, y la puerta se abrió.

XII

POCOS días después de la boda, se reunieron don Pedro y Julián para organizar la vuelta a los Pazos. Julián aceptó ir el primero con el fin de ordenar aquello un poco, pero el señorito se arrepintió de habérselo pedido.

—Mire usted —le advirtió— que allí se necesita valor... Primitivo es malo y le engañará de mil maneras.

—Con la ayuda de Dios, matar no me matará.

—No lo diga usted dos veces. Ya le avisé a usted en otra ocasión de cómo es Primitivo: capaz de cualquier barbaridad... Quiere siempre lograr lo que se propone. El día que nos vinimos, si hubiera podido detenernos disparándonos un tiro..., lo hubiera hecho, créame.

Púsose Julián a temblar. A don Pedro, que tenía un fondo un poco cruel, le divertía el miedo del capellán.

—Seguro —exclamó riéndose— que la cruz aquella del camino va usted a pasarla rezando.

—No digo que no —contestó Julián—, pero no por eso me niego a ir. Es mi deber... Pero, señorito, ¡si usted tomase una decisión! ¡Eche a ese hombre, señorito!

—Calle, hombre, calle usted... Le ataremos corto. Pero eso de echar... ¿Y los perros? ¿Y la caza? ¿Y todo aquel negocio mío que nadie entiende más que él? Además, crea lo que le digo, yo que le conozco bien: si echa usted a Primitivo por la puerta, entrará por la ventana.

Julián añadió tímidamente:

—Y... ¿de lo demás?

—De lo demás... Haga usted como quiera... Me parecerá bien lo que decida.

A pesar de todo, Julián estaba preocupado: aunque el marqués le había dado autoridad, en el fondo le daban cierta pena aquella mujer y, sobre todo, su hijo. ¿Qué culpa tenía el chiquillo de las faltas de su madre? Parecía duro echarle de la casa que, después de todo, era de su padre. Pero era necesario, por el bien del alma de don Pedro y la felicidad de la señorita Marcelina.

Cruzó de nuevo Julián el triste país de lobos que se encuentra antes de llegar al valle de los Pazos. El cazador le esperaba en Cebre, e hicieron juntos el camino. Primitivo se mostró tan amable que Julián, más inocente que don Pedro, creyó que el hombre había cambiado y, poco a poco, le fue perdiendo el miedo. A Sabel la encontró en el sitio de costumbre, en la cocina, pero sin la compañía de mujeres del pueblo. La cocina estaba limpia y en perfecto orden. A la hora de cenar, Primitivo le contó todo lo que había pasado en el último medio año: los alquileres cobrados, las vacas que tenían, las obras realizadas. Y mientras, la hija le servía la cena con todo respeto. Julián se sentía confuso.

Creyó que cambiarían su modo de actuar al día siguiente, al enterarse de que tenían que dejar la casa. Pero, ¡sorpresa!, tampoco entonces se molestó Primitivo.

—Los señoritos traerán cocinera de Santiago... —dijo Julián, para justificar de alguna manera la decisión.

—Por supuesto... —respondió Primitivo con toda la tranquilidad del mundo—. Allá en la *vila*[30] guísase de otro modo y los señores tienen la boca acostumbrada. Además, yo mismo iba a advertir al señor marqués de que trajese a alguien... La hija se me quiere casar...

—¿Sabel?

—Sí señor... se le ha metido en la cabeza casarse. Con el gaitero de Naya. Y claro, quiere irse a su casa.

Sintió Julián pura alegría. Creía ver en todo aquello la mano de Dios. Felicitó a Primitivo y deseó mucha suerte a Sabel. Aquella misma noche escribió al marqués la buena noticia.

Pasaron los días. Todo iba bien, excepto en el tema de la administración. Ahí no conseguía Julián adelantar un paso. Es más, tuvo la sensación de que el poder de Primitivo era cada vez mayor y de que su influencia llegaba cada vez más lejos. Gentes de los pueblos vecinos venían a consultarle. Cada vez que el capellán proponía algo, Primitivo escuchaba, estaba de acuerdo, y sugería medios... Pero todo de palabra: a la hora de actuar, empezaban las dificultades: que hoy... que mañana...

–Una cosa es hablar, y otra hacer... –le repetía.

Julián decidió ir un día a pedir consejo a don Eugenio, el cura de Naya. Encontróle muy preocupado por los acontecimientos políticos de los últimos días: el ejército se había levantado contra la reina[20] y ésta había escapado a Francia. Estaba como loco por ir a Santiago para saber noticias ciertas. ¿Qué diría el arcipreste? ¿Y Barbacana? Ahora sí que estaba perdido el cacique: su enemigo de siempre, Trampeta, iba a tener ahora mucha más influencia que él.

Ocupado en estos asuntos, apenas prestó don Eugenio atención a los problemas de Julián.

XIII

DESPUÉS de algún tiempo de vida familiar con suegro y cuñadas, don Pedro echó de menos los Pazos. No se acostumbraba a la vida en Santiago. Ahogábale aquella ciudad con sus calles estrechas y negros edificios. Para entretenerse sólo tenía dos alternativas: discutir con su suegro o jugar un rato en el Casino. Las dos cosas le ponían furioso. Las discusiones con su suegro acababan siempre tomando un carácter personal y agresivo. Con toda su buena intención, trataba don Manuel de cambiar las costumbres de hombre de campo de su sobrino; incluso le daba consejos sobre cómo organizar los Pazos; y eso es lo que menos podía aguantar don Pedro. Se levantaba, salía cerrando la puerta de golpe y se iba al Casino.

Tampoco allí se encontraba bien: ahogábale cierto ambiente intelectual propio de una ciudad universitaria. En el fondo, tenía miedo de que algún día se descubriese que apenas sabía escribir. Aquella vida era demasiado activa para la cabeza y demasiado tranquila para el cuerpo: a él la piel le pedía baños de aire y de sol, duchas de lluvia y andar por el monte.

No podía sufrir tampoco ser uno más en la ciudad, uno de tantos, cuando en los Pazos era el rey. ¿Quién era él en Santiago? Don Pedro Moscoso. Menos aún: el yerno del señor de la Lage, el marido de Nucha Pardo. Porque allí de *señor marqués* nada, desde que alguien en el Casino había descubierto la verdad sobre la venta de su título. Demasiado se habían burlado de él por ese motivo.

Decidió don Pedro, pues, marcharse antes de terminar el invierno. El coche para Cebre salía tan temprano que no se veía casi. Hacía un frío cruel, y Nucha, sentada en un rincón del vehículo, se llevaba a menudo el pañuelo a los ojos. Su marido le preguntó duramente:

—¿Es que vienes de mala gana conmigo?

—¡Qué cosas dices! —dijo la muchacha sonriendo— Es natural que sienta dejar a papá y... y a las chicas.

Durante el viaje Nucha le pidió que le hablara de los Pazos. Ése era el tipo de conversación que agradaba a don Pedro y habló durante largo rato de sus tierras, de la belleza del país y la vida libre que allí se hacía.

—¡Ya verás! —decía a su mujer— Allí es uno alguien.

Llegaron por fin a Cebre, donde les esperaban Primitivo y Julián. Bajaron los equipajes, y Primitivo se adelantó trayendo a don Pedro su caballo. Iba éste a subirse, cuando se fijó en el animal que esperaba a Nucha: una mula de mal carácter y, además, con una silla hecha más para despedir al jinete que para sostenerle.

—¿Cómo no le has traído la burra a la señorita? —preguntó don Pedro, tratando de adivinar las torcidas intenciones del cazador.

Primitivo contestó algo de una pata rota...

—¿Y no hay más burras en el país? Has tenido tiempo suficiente para buscar cien burras.

El marqués se volvió hacía su mujer y le preguntó:

—¿Tienes miedo? ¿Sabes sujetarte en estos animales?

—Sujetarme sí sé... —dijo ella—. Pero ahora...

Dudó un momento. Luego acercóse a su marido, le pasó un brazo alrededor del cuello y, escondiendo la cara, le dijo el dulce secreto. Pintóse en la cara del marqués una alegría enorme, orgullosa, la emoción de una victoria[31]. Y apretando contra sí a su mujer cariñosamente, como para protegerla, exclamó a gritos:

—Espera un momento... a ver, un banco, una silla para la señorita. Ahora mismo traigo una burra adecuada para ti, aunque la tenga que inventar. Espera, *Nuchiña*. Primitivo, acompáñame.

Media hora después volvió con una burra gorda y segura que le había prestado la mujer del juez de Cebre. Don Pedro tomó en brazos a su esposa y la subió encima del animal con mucho cuidado.

XIV

En cuanto pudieron quedarse solos capellán y señorito, preguntó don Pedro, sin mirar cara a cara a Julián:

—Y... ¿*ésa*? ¿Está todavía aquí?

Julián respondió temblando:

—Está, señorito... la verdad... no sé qué decir... La cosa parecía tan fácil... Primitivo me aseguró que la muchacha iba a casarse con el gaitero de Naya...

Quedóse don Pedro callado, y al fin exclamó:

—Es usted un santo. A mí no me hubieran engañado.

—Señor, si Sabel no está enamorada del gaitero, qué bien miente. Hace dos semanas fue a casa de don Eugenio y le pidió llorando que se diese prisa con los papeles de para boda, porque...

—¡Mujer de poca vergüenza! Claro, claro, eso no me sorprende, pero es usted un tonto: aquí no se trata de Sabel, sino de su padre. Claro que la mujer ésa quiere irse; pero Primitivo la mata antes de que eso suceda.

—Sí, también yo empezaba a suponerlo.

—Un poco tarde... Déjeme a mí ese asunto... Y por lo demás... ¿qué tal?

—Bien. Me dicen que sí a todo.

—Ya, pero han hecho todo lo que han querido, ¿no?

—Señorito, tenía usted razón —contestó Julián bajando la cabeza—. Aquí nadie hace nada si Primitivo no está de acuerdo. Y ahora todavía es peor. Desde lo de la Revolución[20], Primitivo está metido en política y cada vez tiene más influencia. Muchos le siguen por miedo.

Don Pedro callaba. Luego levantó la cabeza y dijo:

—¿Recuerda usted la burra que tuve que buscar en Cebre? Pues la señora del juez... ríase usted, me dijo que me la prestaba porque iba conmigo Primitivo. Si no...

Julián no comentó nada. Don Pedro le puso la mano en el hombro, y cambiando la voz le dijo:

—¿Y por qué no me felicita usted?

Julián no entendía. El señorito se lo explicó con los ojos brillantes de alegría. Sí señor, para octubre. Para octubre esperaba el mundo un Moscoso auténtico...

—¿Y no puede ser también Moscosita? —preguntó Julián después de felicitarle varias veces.

—¡Imposible! —gritó el marqués— Ni en broma me diga usted eso, don Julián. Será un chiquillo, si no, mato a lo que venga. En mi familia sólo nacen hombres. Pero usted es capaz de no haber notado el estado de mi mujer.

Y era verdad. Julián, que cada día sentía más cariño y respeto hacia Nucha, no imaginaba que le pudiese suceder lo mismo que a las otras mujeres. Para él Nucha era una niña, la mujer ideal, la esposa de la Biblia*.

Pero, casi inmediatamente, recordaba a Sabel y al niño. Temblaba al pensar que, un día, Nucha descubriese la verdad. La seguía por toda la casa para vigilar y evitar, si era posible, cualquier acontecimiento desgraciado. Y en efecto, su presencia fue muy útil cuando Nucha descubrió al niño.

Le encontró robando unos huevos. Consiguió agarrarle y le regañó enérgicamente, pero el niño parecía llorar y Nucha empezó a sentir pena. Sin embargo, en cuanto le vio la cara, pudo darse cuenta de que el muy atrevido no hacía más que reírse; y también de que era extraordinariamente hermoso. Julián, angustiado testigo de esta escena, quiso arrancarlo de los brazos de Nucha.

–Déjemelo usted, don Julián... –rogó ella–. Es precioso. ¡Qué pelo! ¡Qué ojos! ¿De quién es este chiquillo?

Nunca el pobre capellán sintió tantas ganas de mentir. Pero no lo hizo.

–De Sabel... de la criada...

–¿De la criada? Pero... ¿está casada esa chica?

–No señora, casada no. Ya sabe usted que desgraciadamente... aquí en los pueblos... a menudo pasan estas cosas.

–¡Qué guapo! ¿Cómo te llamas, pequeño?

–Perucho –contestó el chiquillo.

–¡El nombre de mi marido! –exclamó la señorita sorprendida– Seguro que él es tu padrino, ¿no es así?

–Sí, sí... –contestó rápidamente Julián, que soñaba con ponerle un tapón en la boca a Perucho.

—Toma, rapaciño. Así no tendrás que robarme los huevos y podrás comprarte lo que quieras. Vamos a ser muy amigos tú y yo, ¿verdad?

Al instante Nucha le cogió un enorme cariño al chico. Pidió a Julián una moneda y se la dio.

—Toma, rapaciño. Así no tendrás que robarme los huevos y podrás comprarte lo que quieras. Vamos a ser muy amigos tú y yo, ¿verdad? Lo primero que voy a regalarte son unos pantalones... Y le voy a regañar a tu madre para que te lave cada día. Y usted, Julián, va a darle lecciones, o mejor, le haremos ir a la escuela.

No hubo manera de que Nucha abandonase sus planes. Y Julián estaba asustadísimo, temiendo que de aquella nueva relación resultase algún desastre.

XV

POR aquellos días se dedicó el matrimonio Moscoso a devolver las visitas a sus vecinos. Empezaron primero por la señora jueza de Cebre. Abrió la puerta una criada con las piernas desnudas, que al ver a Nucha bajarse del animal en que viajaba, salió corriendo hacia el interior de la casa gritando:

–¡Señora! ¡Ay, mi señora! ¡Hay unos señores aquí...!

Ningún ruido respondió a su llamada, pero después de unos breves minutos, apareció en el portal el mismo juez de Cebre pidiendo perdón por las torpes costumbres de su criada. En seguida les hizo pasar a la casa y todos subieron por unas estrechas escaleras. Llegados a la puerta de la sala, el juez empezó a buscarse nerviosamente algo en los bolsillos. De repente soltó una especie de grito terrible.

–Pepa... ¡Pepaaaaá!

Se oyeron unos pasos, y el juez preguntó a la criada:

–La llave, ¿vamos a ver? ¿Dónde has metido la llave?

Pepa se la dio a toda prisa, y el juez, con voz ahora mucho más suave, empujó la puerta y dijo a Nucha:

–Haga el favor de sentarse, señora mía... Haga el favor.

La luz que llenó la habitación una vez abiertas las maderas de la ventana, permitió a Nucha distinguir al fin el sofá azul, los sillones del mismo color, y la alfombra que repetía las formas de un extrañísimo animal.

El juez trataba de mantener viva la conversación, pero sus ojos se volvían demasiado a menudo hacia la puerta esperando ver llegar a su mujer, quien ya tardaba en presentarse.

Después de un rato, la señora jueza entró en la sala, bañada en sudor y sin terminar de arreglarse, según claramente se veía. Acababa de meterse en el estrecho vestido y, sin embargo, no había conseguido abrocharse los últimos botones; el peinado, hecho en el último momento, se torcía hacía la oreja izquierda; traía un pendiente desabrochado; y no habiéndole llegado el tiempo para ponerse los zapatos, escondía tras sus faldas de seda, unas feas zapatillas de tela.

Aunque a Nucha no le gustaba burlarse de la gente, no pudo evitar una gran sonrisa al considerar la rara apariencia de la jueza, quien pasaba por ser la mujer más elegante de todo Cebre. La visita fue corta, porque el marqués deseaba visitar ese mismo día al señorito de Limioso.

Desde bastante cerca, el Pazo de Limioso parecía abandonado y por todas partes se veían claras muestras de ruina. Al ruido de los pasos de los caballos en el suelo del patio respondieron los ahogados ladridos de un grupo de viejos perros, que se acercaron a los extraños. Pero tranquilizáronse en seguida al oír la voz de su amo.

Era el señorito de Limioso un joven de unos veintiséis años, a quien su bigotito y su serio gesto daban un aire de tristeza muy divertido para el que por primera vez lo veía. Todo el mundo le consideraba un verdadero señor. Y lo era incluso en el modo de ayudar a Nucha a bajarse de la burra, y en el modo natural en que la condujo por el Pazo, subiendo la rota y vieja escalera que llevaba al primer piso.

Después de atravesar habitaciones y oscuros pasillos, entraron por fin a la sala principal. Nucha se quedó inmóvil de sorpresa: en un rincón de la sala, sentadas en ricos asientos de madera y cuero, dos viejas secas, pálidas y derechas como esculturas, cosían. Las dos ancianas, tías del señorito de Limioso, se levantaron y ofrecieron a Nucha los brazos con movimientos tan iguales que ella no supo a quien abrazar primero. Inmediatamente después sintió que le agarraban las manos otras manos sin carne y comprendió que la conducían hacia uno de aquellos maravillosos asientos. Y apenas se había sentado en él, conoció con asombro que las maderas se rompían, que cada trozo se iba por su lado sin hacer ningún ruido; y con la constante preocupación de la mujer que espera un hijo, se puso de pie, dejando que la última joya de los Limiosos se cayese al suelo para siempre...

XVI

Se acercaba el nacimiento del hijo de los Moscosos, y Nucha cosía sin descanso pequeños vestiditos. Parecía no cansarse nunca y tenía muy buen aspecto. Hay que reconocer que don Pedro se ocupaba mucho de su esposa: olvidando la caza, todas las tardes la llevaba a dar paseítos y le traía flores. Julián daba gracias a Dios porque, al fin, había allí un matrimonio cristiano.

Una tarde, salió Julián de su habitación y se encontró con el señor de Ulloa, que subía muy contento.

—¿Hay noticias nuevas? —preguntó Julián.

—¡Ya lo creo! Hemos vuelto del paseo a toda prisa.

—¿Y han ido a Cebre para avisar al médico?

—Va allá Primitivo... y también otros dos —añadió don Pedro viendo la cara seria que ponía Julián.

—Debería ir yo también... —dijo éste casi sin voz.

—¡Usted! ¡A pie y de noche! —se rió el marqués— Gracias, hombre... Sólo venía a darle la buena noticia.

En su cuarto, Julián rezó hasta la hora de la cena, pidiendo a Dios con toda su alma un buen nacimiento. Cuando bajó al comedor, encontró al marqués comiendo y le preguntó:

—¿Y la señorita?

–¡Pss!... ya puede imaginarse que no muy cómoda. Estas señoritas de ciudad son muy sensibles para todo...

Dijo esto y se levantó, dejando a Julián solo. Éste pensó que lo mejor era volver a su habitación y seguir rezando. Se quedó dormido. Cuando despertó, era de día.

Bajó rápidamente y en la cocina se encontró con Máximo Juncal, el médico de Cebre, que acababa de llegar.

–¿Llega ahora? –preguntó sorprendido el capellán.

–Sí, señor... Primitivo dice que estuvieron llamando toda la noche y que nadie les abrió. No sé... si llamasen más fuerte... Así que no me enteré hasta esta mañana. Pero parece que llego a tiempo... Voy allá a verla...

Volvió pronto, pidiendo una taza de café bien caliente y una copita. Don Pedro le preguntó si había peligro, y si su mujer iba a poder criar[32] al niño.

–No señor, no hay peligro. Pero de criar, ni hablar. Para eso hace falta otro físico.

–Ya me lo imaginaba yo –dijo don Pedro–. Pero, ella se empeña. Bueno... ¿tendré tiempo de ir a Castrodorna a buscar a la hija de Felipe, que tuvo un hijo hace poco?

–Sí. Lo que no sé es si los padres la dejarán venir.

–Si no quieren, la traigo de los pelos.

Cuando el señorito salió, Máximo se sirvió otra copa y dijo en confianza al capellán:

–Si yo fuera Felipe, no le haría caso al marqués. ¿Cuándo se convencerán estos señoritos de que no son dueños del mundo? En fin, voy a ver cómo sigue la señorita. Que no se lleven la botella, ¿eh?

El médico no tardó en volver: empezaba a estar preocupado. Había en toda la casa un extraño silencio.

Era ya casi de noche cuando por fin apareció don Pedro. Traía de la mano a una muchacha color de tierra, un castillo de carne: la típica vaca humana.

Quedóse muy triste don Pedro al enterarse de que su hijo no había nacido todavía. Ordenó a Sabel que sirviese la cena rápidamente. Estaba la muchacha atractiva y fresca como nunca. Al mirarla, no podía uno evitar pensar en la gran diferencia que había entre ella y la mujer que sufría terribles dolores a corta distancia de allí.

—¿No duerme nada la señorita? —dijo Julián al médico.

—A ratos, entre dolor y dolor... Pero no me gusta a mí ese sueño. No adelanta nada y cada vez está más débil. Más que sueño creo que son pérdidas de conocimiento.

Terminaron de cenar y siguieron hablando largo rato.

—¿Sabel? —llamó de repente el médico— ¿Dónde me han puesto una caja que traje?

—En su cuarto, sobre la cama —contestó la moza.

Don Pedro miró al médico, comprendiendo de qué se trataba. No así Julián que, asustado, preguntó:

—¿Qué va a hacer?

—Operarla. No me gusta la idea, pero si mañana sigue igual, tendré que hacerlo. Rece para que todo salga bien.

El reloj dio media noche. Julián subió a su cuarto y se puso de rodillas; rezó toda la noche. Al llegar el día, ya sin fuerzas, oyó una voz que decía: «Una niña».

Quiso levantarse y lo hizo ayudado por la persona que había entrado y no era otra sino Primitivo; pero apenas estuvo en pie, cayó al suelo sin conocimiento.

Abajo, Máximo Juncal se lavaba las manos satisfecho. Don Pedro se paseaba por la habitación, sin hablar. El médico adivinó sus pensamientos y le dijo riéndose.

—La mitad de la culpa por lo menos la tendrá usted. Aún no se inventó el modo de pedir el sexo que se desea.

Pero el marqués le hizo una pregunta, y el médico se puso serio de nuevo para contestarla:

—Yo no digo tanto... Aunque ha quedado muy débil... En fin, ahora no es momento de pensar en más hijos, sino en que la madre se ponga fuerte y la chiquita se críe.

En ese momento entró Primitivo y con voz absolutamente natural dijo «que subiese don Máximo, que el capellán estaba muy mal: que estaba como muerto».

XVII

Largos días pasó Nucha entre la vida y la muerte. Pero la juventud, las ganas de vivir, la ciencia de Juncal, y particularmente una manita, un puñito cerrado que asomaba entre las sábanas de la cuna, terminaron por vencer[31].

El primer día que Julián vio a la enferma, no hacía muchos que se levantaba. Estaba más delgada que nunca.

—La encuentro a usted con muy buen aspecto, señorita —mintió el capellán.

—Pues usted —dijo Nucha—, tiene algo de mala cara.

Reconoció que en efecto no se encontraba bien desde que... desde que había cogido aquel catarro. Le daba vergüenza contar lo que le había sucedido de verdad.

—¿Ha visto usted a la pequeñita? —preguntó Nucha.

—Sí señora... El día del bautizo. ¡Pobrecita! Lloró bien cuando le pusieron la sal y sintió el agua fría...

—¡Ah! Desde entonces ha crecido un montón y se ha puesto hermosísima. ¡Ama, ama[32]! Traiga a la niña.

Apareció el ama con la niña dormidita en sus brazos.

—Cójala usted, Julián... Ya verá lo que pesa...

No pesaba más que un ramo de flores, pero el capellán aseguró que parecía de piedra.

–No me dejan criarla, Julián... y siempre me da miedo que el ama la deje caer o la ahogue con su peso. Ahora estoy tranquila, teniéndola aquí cerquita.

Sonrió a la chiquilla dormida, y añadió:

–¿No le encuentra usted parecido...?

–¿Con usted?

–¡Con su padre!... Mírele la frente, es igualita.

El capellán continuó visitando a la enferma. Máximo Juncal venía un día sí y otro no, casi siempre deprisa, porque tenía muchísimos enfermos. El médico hablaba de política con un vasito de alcohol en la mano, tratando de hacer participar a Julián, de hacerle perder su habitual calma. Y la verdad es que, con las noticias que traía Máximo, había motivos para perderla: todo eran iglesias quemadas, barbaridades antirreligiosas, libertades de enseñanzas, de esto y de lo otro... Pero Julián no hacía más que lamentar tales excesos: no había manera de tener con él una de esas apasionadas discusiones que tanto le gustaban a Máximo cuando tropezaba con curas carlistas[20], como el de Boán o el arcipreste.

Cuidando a la niña, Nucha se fue poniendo mejor. Lo quería hacer todo. Ella lavaba a su hijita, la vestía y la entretenía cuando no dormía. Julián la ayudaba en todo y, poco a poco, fue tomándole un gran cariño a la niña.

–Confío más en usted que en el ama –le decía Nucha.

El capellán compartía con Nucha los buenos ratos que daba la pequeñita: la primera sonrisa, las primeras gracias...

La quería más todavía desde un día en que, teniéndola en brazos, había sentido un calorcillo húmedo que le mojaba el pantalón. ¡Qué acontecimiento! Aquel calor parecía deshacer la nieve del corazón del capellán desde que en el Seminario había decidido no tener familia. Julián empezaba a querer a la niña ciegamente, y a pensar que, si ella muriese, moriría él también.

Creía Julián que por fin la felicidad había entrado en aquella casa. Sólo una cosa le daba pena: no se veía al marqués casi nunca. Desde el nacimiento de la niña, pasaba largos días fuera de los Pazos. Y otra cosa le preocupaba: Sabel era de nuevo la reina del grupo de mujeres que venían a casa. Todo volvía a ser como antes.

El capellán quería convencerse de que no pasaba *nada*; pero la casualidad se empeñó en abrirle los ojos. Una mañana en que se había levantado muy temprano para decir su misa, vio salir a Sabel, medio vestida, del cuarto donde dormía don Pedro desde que había nacido la niña. Julián se quedó helado. Subió a su habitación y se tiró en la cama como si le hubiesen roto las piernas.

XVIII

¡Cómo iba a decir misa! Imposible. Con la cabeza como la tenía, dándole vueltas. No podía ni pensar en ello.

La cosa estaba clara. Situación: la misma de hacía dos años. No podía seguir en aquella casa, vivir al lado del pecado. Pero, la sola idea de marchar le producía el mismo efecto que si le hubiesen echado sobre el alma una jarra de agua fría. ¿Por qué? Él era un extraño en los Pazos. Bueno, no tanto... Se acordó de la niña y sintió ganas de llorar. ¡Hay que ver lo que quería a la muñeca!

—Bien decían en el Seminario —pensó— que soy como las mujeres, que por todo se afectan. La verdad es que todo esto es culpa mía. Y tiene razón el señorito al considerarme un tonto y un cobarde... Tenía que haber echado de esta casa a Primitivo y a su hija... Pero me han engañado, se han burlado de mí... y ha ganado el mal.

Mientras hablaba para sí de este modo, Julián iba haciendo el equipaje, sin ganas. Volvió a recordar a la niña; eran las diez, la hora en que tomaba su sopa, y era una risa verla comer. ¡Estaría tan guapa! Recordó también a Nucha: ahora comprendía su tristeza, sus suspiros; seguro que lo sabía todo y sufría en silencio. Y decidió quedarse. Sintióse

incluso culpable por haber pensado en marcharse: si la señora y la niña necesitaban un amigo o alguien para defenderlas,
¿quién mejor que él?

Aquella misma noche asistió a algo que le dejó muy
preocupado. Antes de irse a la cama, había bajado a la cocina, donde estaba Sabel reunida con sus amigas. Julián se
quedó en la puerta, sin que le vieran, y pudo oír así cómo una
de las mujeres echaba las cartas[33] a Sabel. Le anunciaba
amores secretos, peleas de su amante con la esposa, muerte
de la esposa y después, matrimonio feliz.

Volvió Julián a su cuarto muy nervioso. Pensaba en los
riesgos que corrían Nucha y su hija: podían robar a la niña,
echar veneno en la comida de Nucha... Intentaba calmarse.
¡Bah! Tampoco se cometen crímenes por ahí todos los días,
gracias a Dios. Hay jueces, hay una ley.

Intentaba leer algo cuando de pronto oyó un *ay* tristísimo.
¿Serían los perros? Asomóse a la ventana pero no vio nada.
Volvió a su lectura, cuando... ¡Jesús! ¡Ahora sí que no cabía
duda! Un grito de miedo había subido por la escalera hasta su
habitación. ¡Qué grito! Cogió la vela y bajó a toda prisa. Justo
delante del cuarto de don Pedro... ¡Dios santo! Sí, era la
escena misma, tal como se la había imaginado él: Nucha de
pie, contra la pared, con la expresión de la muerte en los ojos.
En frente, su marido, con un arma enorme en la mano...
Julián se puso entre los dos... Nucha volvió a gritar.

−¡Ay! ¡ay! ¡Qué hace usted! ¡Que se escapa!...

Comprendió entonces el pobre capellán su error con no poca vergüenza... Una araña[34] grandísima subía por la pared deseando escapar de la luz. El señorito le tiró la bota y la mató.

Julián estaba a punto de reírse de su ridículo miedo, pero notó que Nucha se cubría la cara con el pañuelo.

—No es nada, no es nada... Me dan ganas de llorar... pero se me pasará. Estoy aún algo débil...

—¡Vaya ruido por nada! —exclamó el marqués— Don Julián, ¿usted creyó que la casa se estaba cayendo? ¡Venga, a dormir! Buenas noches.

XIX

Los malos sueños de la noche suelen producir risa en cuanto sale el sol: pero aquella mañana Julián no conseguía vencer una extraña sensación de miedo. Dijo misa y se fue a tomar el chocolate a la habitación de Nucha. Ella estaba durmiendo a la niña con una canción que había aprendido del ama, donde se repetía el triste *¡lai... lai!,* la queja lenta y larga de todas las canciones populares en Galicia. Cuando por fin cerró los ojos la niña, empezaron a hablar, muy bajito. Julián le preguntó si se le había quitado el susto de la noche anterior.

—Sí, pero todavía estoy no sé cómo. Antes era muy valiente, pero desde... que nació la pequeña, no sé qué me pasa; parece que tengo miedo de todo.

Calló un momento. Sus ojos grandes parecían perdidos.

—Es una enfermedad, yo lo sé. ¿Ve usted qué gritos di ayer? Muchas veces, cuando estoy sola con la niña, me pondría igual, si no me controlase. No se lo digo al médico por vergüenza; pero veo cosas muy raras. El señor Juncal me dice que coma, que necesito hacer sangre... Lástima que la sangre no se compre en la tienda... ¿no le parece a usted?

—O que... los sanos no se la podamos regalar a... los que... la necesitan...

Perucho había entrado una vez en la habitación de Nucha sin que nadie se diese cuenta y la chiquitina le había llamado tanto la atención que se había quedado mirándola largo rato.

Dijo esto el capellán con voz poco segura y poniéndose colorado, porque su deseo primero había sido exclamar: «Señorita Marcelina, aquí está mi sangre a la disposición de usted».

El silencio que se produjo después duró algunos segundos. Los dos se quedaron mirando el paisaje que se alcanzaba por la ventana: las montañas eran negras bajo un cielo de tormenta; el valle recibía la pálida luz de un angustiado sol; el aire furioso movía violentamente un grupo de castaños.

—¡Qué día tan triste! —exclamaron los dos a la vez.

A Julián le sorprendió que los dos pensaran lo mismo y se dio cuenta entonces de lo parecidos que eran: tenían los mismos temores, las mismas preocupaciones y pensando en alto, dijo:

—Señorita, también esta casa... vamos, no es por hablar mal de ella, pero... da un poco de miedo, ¿no le parece?

En los días siguientes, la señora de Ulloa fue encontrándose mejor y esto hizo que el capellán se sintiera también más animado. Los ratos más felices para él eran los que pasaba en compañía de la pequeña. Sin embargo, en el corazón de la tierna personita, había alguien más querido aún: Perucho.

Éste había entrado una vez en la habitación de Nucha sin que nadie se diese cuenta y la chiquitina le había llamado tanto la atención que se había quedado mirándola largo rato. Desde entonces, no se apartaba de la cuna. Jamás se le había visto quieto tantas horas seguidas. Y tan pronto como la niña empezó a darse cuenta de las cosas, mostró el mismo interés por Perucho que Perucho sentía por ella. A Nucha le gustaba aquella relación entre los dos niños y le daba a Perucho caramelos y alguna moneda de vez en cuando. Con tantas atenciones el rapaz no salía de la habitación de la pequeña. Y Nucha, encantada: si la niña lloraba, bastaba que viera a Perucho para callarse y ponerse a reír. La verdad es que él utilizaba toda su imaginación para divertir a su amiguita; cada día le traía algo nuevo: juguetes inventados por él, animalitos, flores que encontraba por el campo...

Julián veía aquello con preocupación y se le helaba la sangre cuando notaba el cariño de Nucha por el niño.

Un día encontró a Perucho y a la niña bañándose juntos, mientras Nucha les vigilaba, agachada a su lado.

—No hubo otro medio de que se metiera en el agua —exclamó la señorita al ver la sorpresa de Julián.

—No me sorprendo por ella —respondió el capellán—, sino por él, que le teme más al agua que al fuego.

—Como le gusta tanto estar con la nena[35] —contestó Nucha—, se deja bañar donde sea. Ahí los tiene usted tan felices: ¿no parecen dos hermanitos?

Nucha decía la frase sin intención y mirando tranquilamente a Julián. El cambio de expresión en la cara de éste fue tan inmediato, tan claro, tan profundo, que la señora Moscoso se levantó de pronto quedándose de pie frente a él. Julián vio encenderse en sus ojos una luz terrible donde leyó el asombro y el horror ante la verdad que se le había revelado. Se quedó quieta unos segundos. Cuando se pudo mover de nuevo, cogió a Perucho por el pelo, le sacó del baño y le echó fuera del cuarto.

—Fuera de aquí —gritó, más pálida que nunca—. Como vuelvas, te arranco los pelos, ¿te enteras?

Julián y Nucha se contemplaron algunos minutos silenciosamente, ella preguntando con la mirada, él decidido a engañar y a mentir. Al fin Nucha empezó a hablar:

—No crea que es la primera vez que se me ocurre que ese... chiquillo es... hijo de mi marido. Pero no quería creérmelo. Ahora... sólo viendo su cara...

—¡Señorita Marcelina! ¿Qué tiene que ver mi cara? No se ponga nerviosa, se lo pido por Dios. Me puede creer; yo no sé de quién es el chiquillo. Nadie lo sabe seguro.

Nucha respiró hondo. Se fue calmando, pero seguía con la mirada perdida.

—¡Mi niña! ¿Cómo voy a vivir de esta manera? Usted tenía que haberme avisado antes. Si el chiquillo y la mujer no salen de aquí, yo me volveré loca. Estoy enferma; estas cosas me hacen daño... daño.

—Señorita...

—No me engañe usted también. Dígale a mi marido que la eche, Julián. ¡Por amor de Dios!

—¡Tantas veces se lo he dicho!

—¡Ve usted! —contestó ella, moviendo la cabeza y cruzando las manos.

Se quedaron callados. Nucha tembló. Por último dijo, dando golpes con la mano en los cristales de la ventana:

—Entonces seré yo...

—Señorita... Por Dios... Se va a poner enferma... Déjelo —rogaba el capellán.

La señora de Moscoso, dejando caer la frente contra el cristal de la ventana, cerró los ojos. Intentaba controlarse: la energía de su carácter quería detener la tormenta interior... Pero movía sus hombros un fuerte temblor, síntoma de lo dura que era la lucha. Hasta que, por fin, Nucha se volvió, con los ojos secos y los nervios vencidos ya.

XX

Poco después se produjo un cambio profundo en la vida monótona de los Pazos. Entró allí la política, si así merece llamarse lo que de ella llega a las aldeas y en la que las ideas no entran en juego, sino solamente las personas, y en el peor terreno: odios, envidias, engaños.

La tensión política que se vivía en España llegaba también a las viejas montañas que rodean los Pazos de Ulloa. Aquella zona estaba por entonces en manos de los dos poderosos caciques, el uno abogado y el otro secretario del Ayuntamiento de Cebre. Enemigos desde siempre, su pelea personal sólo podía terminar con la muerte del otro. Ninguno tenía ideas políticas: eran del partido que en cada momento defendía mejor sus intereses. Barbacana, el abogado, era quizás más inteligente y sabía cómo ocultar sus intenciones; Trampeta, el secretario, era más violento y atrevido. La gente les odiaba a los dos, pero temía más a Barbacana por ser menos franco.

Aquella vez, Trampeta defendía al gobierno oficial y estaba seguro de ganar las próximas elecciones[36]. Por su parte, el cacique Barbacana, que había sido moderado antes de la Revolución, se declaraba ahora carlista; defendía débilmente al candidato[36] propuesto desde Orense, y recomendado por el arcipreste y los demás curas de la zona. Sabía que no podía ganar y ya hacía planes para después de las elecciones: si necesitaba volver a cambiar de campo político, sería fácil eliminar a Trampeta.

En aquellos días empezó Primitivo a visitar muy a menudo a Barbacana. Y como es difícil guardar un secreto, pronto se supo que el candidato de Orense se retiraba y que en su lugar Barbacana presentaba al marqués de Ulloa. El cambio fue un golpe para Trampeta. El señorito no le importaba, pero sí la influencia de Primitivo: sabía que éste tenía en sus manos numerosos votos[37] seguros porque mucha gente le debía dinero y le temía.

Don Pedro no tenía ideas políticas, pero aceptó porque aquello le hacía sentirse importante. El arcipreste de Loiro le dijo que él era el diputado[38] más adecuado para representarles en el Congreso[38]. Desde que la noticia se hizo pública, la casa de los Ulloa estaba siempre llena de gente y don Pedro se sentía como un rey; bien sabía que Primitivo estaba detrás de todo, pero, era él quien recibía las marcas de respeto y admiración.

Un día que vino a los Pazos, el arcipreste de Loiro quiso visitar toda la casa y, al ver la capilla, se disgustó por encontrarla en tan mal estado; convenció al marqués para que la arreglara, diciéndole que con ello ganaría gran consideración entre la gente. Así que se le puso un techo nuevo y se pintaron las imágenes*; la capilla quedó como nueva y don Pedro se la enseñaba orgullosamente a todos. Sólo faltaba ya adornarla. De esto se encargaron Nucha y Julián. Fueron horas muy dulces para éste. Le gustaba estar con Nucha. A veces ella no hacía nada: se sentaba con la niña en brazos y le daba su opinión sobre cómo colocar unas flores o una imagen. Mientras trabajaba, solía Julián observar a Nucha; veía que ésta parecía cansada y triste pero no se le ocurría qué decir.

Un día notó algo más serio aún: mientras Nucha arreglaba unas flores, observó Julián una cosa que le heló la sangre: en los brazos de la señora de Moscoso había unas señales oscuras... La memoria del capellán volvió de repente dos años atrás y escuchó de nuevo los gritos de una mujer a la que pegaban con una escopeta. Olvidando su timidez, fue hacia Nucha y le tomó las manos para asegurarse de que existían las horribles señales.

En ese momento entraron varias personas que don Pedro traía para que admirasen la capilla. Nucha se volvió al instante; Julián, confuso, contestó torpemente al saludo de los visitantes. Detrás de éstos, Primitivo le miraba fijamente con sus ojos de cazador.

XXI

Trampeta hablaba a gritos en la oficina del Gobernador[39] y éste le contestaba de igual manera:

—¿Pero no decía usted, Trampeta, que los otros no podían gastar nada en las elecciones porque los de Orense no les dan una peseta y los Pazos están en la ruina?

—Todo eso es verdad, pero el marqués de Ulloa...

—Ni marqués, ni tonterías —le cortó el Gobernador.

—Bueno, es la costumbre que hay de llamarle así... Y mire usted que he estado diciendo por ahí que no hay tal marqués, que el título es de otro... —contestó Trampeta—. Pero lo que decía, como don Pedro no tiene un céntimo, le ha prestado el dinero Primitivo. Y usted me preguntará: ¿de dónde un criado saca tanto? Y yo respondo: del bolsillo de su amo, engañándole en todo y luego prestando ese dinero al interés más alto posible a los campesinos.

El Gobernador le hizo callar:

—¿Y qué provecho hay para Primitivo en prestarle a su amo el dinero que con tanto trabajo le ha quitado?

—¡Hombre —continuó el secretario—, el dinero no se presta a cambio de nada! Así le queda el capital seguro y el amo sujeto. Es un hombre muy listo: ya verá cómo, al final, también engañará a Barbacana. Lo que no entiendo es esto: si gana don Pedro y vuela para Madrid, lejos de los engaños de su criado, y ni se acuerda de la moza y del chiquillo..., Primitivo lo pierde todo. Entonces... ¿qué tiene en la cabeza?...

Mientras hablaban Trampeta y el Gobernador, el arcipreste de Loiro hacía lo mismo en Cebre con Barbacana. Justo al salir de la casa del cacique, se encontró el arcipreste con don Eugenio en la puerta.

—Espérame un poco, Naya —le dijo familiarmente—. Voy a coger los periódicos y después nos vamos juntos.

—Yo voy hacía los Pazos.

—Yo también.

Los dos cogieron sus caballos y se fueron hablando, naturalmente, de las elecciones.

—Pues por esta vez —decía el arcipreste— les vamos a hacer tragar saliva. Por lo menos, Cebre enviará al Congreso a una persona de buena y antigua familia que nos conoce mejor que ésos que vienen de fuera.

—Eso es muy cierto —respondió don Eugenio—. Si no fuese por esas cosas que todos sabemos...

—Bien, hombre, bien, ya lo sé... Cada uno tiene sus defectos y pecados, pero eso es asunto de Dios. Nosotros no debemos meternos en la vida de los demás.

Don Eugenio insistió porque, según había podido comprobar, todo Cebre hablaba mal de don Pedro Moscoso, comentando su vida en los Pazos, entre su esposa y otra mujer, con un hijo de cada una. El arcipreste se enfadó: en siete años que tenía Perucho a nadie le había importado quién era su padre. Pero ahora que se presentaba el marqués a las elecciones, se acordaban de sus pecados.

—Pues aún dicen cosas peores —añadió el cura de Naya bajando la voz—. Dicen que la señorita Nucha y Julián se entienden... Y que la noticia viene por una persona de la misma casa... ¿Ya ve qué quiero decir?

—Ya entiendo, ya... ¡No tienen vergüenza! ¡Decir mentiras tan gordas de unos inocentes! A eso no hay derecho. Si es así como piensan ganar las elecciones...

—Pues también dicen, y lo dice Barbacana, que esa persona de la casa —Primitivo, vamos— nos va a estropear las elecciones.

XXII

JULIÁN evitaba ir al cuarto de la señorita. Creía notar que le vigilaban. ¿Quién? Todos: Primitivo, Sabel, los criados y, excepto don Eugenio, que le trataba con la amistad acostumbrada, los demás curas. Lo que más echaba de menos era la niña. No sabía qué hacer para sacar a Nucha y a su hija de aquella vida. A veces pensaba con esperanza en las elecciones: quizás si el señorito ganaba, se fuera a Madrid con su esposa y su hija...

Acercábase el día definitivo y todo anunciaba que el señor de los Pazos ganaría. El arcipreste estaba seguro de la victoria. Sólo Barbacana tenía dudas: se mostraba preocupado y de peor humor a cada instante.

El día de las elecciones, Trampeta en persona visitó todas las mesas electorales[40]. Había organizado un plan casi perfecto para impedir que la gente votase a su gusto, para cambiar las urnas[37] por otras llenas de papeletas[37] con el nombre que le interesaba...: estos engaños redujeron mucho el número de los votos a favor del marqués de Ulloa. Pero eso no fue lo peor para los ulloístas: en el último momento, cuando éstos ya se creían dueños del campo, se pudo comprobar que votos de personas que había asegurado Primitivo, se habían ido al lado de Trampeta. El único que no se sorprendió fue Barbacana.

La tarde en que se supo definitivamente que habían perdido, se reunieron el abogado y los curas con el señor de Limioso para comentar los resultados.

–Si no fuera por esos traidores[41] que nos han vendido en el último momento, habríamos ganado –decía el arcipreste.

–No sea inocente, señor arcipreste, aquí sólo hay un Judas[41] –le contestó Barbacana.

–¿Eeeeh? Ya entiendo, ya... ¿Pero por qué no nos avisó usted? Si el señor marqués de Ulloa hubiese sabido que tenía en casa al traidor, le bastaba con atarlo al pie de la cama y darle unos buenos palos...

–Fácil es decirlo; pero cuando la elección depende de una persona y no se sabe seguro si ésta actúa honradamente o no, de poco sirve hablar. Hay que esperar, y si la cosa sale mal, callarse y *guardarla*... –dijo el cacique con verdadero odio, señalándose el pecho.

–Me las pagarán Trampeta y los suyos –continuó–, que aún nadie se rió de mí. Y con el Judas, ¿qué quería que hiciese si, lo mismo que en tiempos de Jesucristo, tenía la bolsa en la mano? A ver, señor arcipreste, ¿quién ha puesto el dinero para las elecciones?

–¿Que quién lo ha puesto? Pues... la casa de Ulloa.

–¿Ah, sí? Todo el mundo sabe que don Pedro no tiene una peseta. Pero esas casas son orgullosas... No quieren reconocer que no tienen dinero... Y en vez de pedirlo prestado a una persona honrada, por ejemplo, yo mismo, se lo pide a uno que le está chupando todo lo que tiene.

Así estaban hablando cuando se oyó en la calle a un grupo de amigos de Trampeta que celebraban la victoria. Los curas y el señor de Limioso propusieron a Barbacana quedarse con él aquella noche para protegerle, pero el cacique se negó: para defenderle tenía suficiente con su criado, conocido como el Tuerto[42] de Castrodorna. Efectivamente, cuando todos se fueron, se quedaron solos Barbacana y el Tuerto. Si alguien hubiera pasado por la calle, hubiera distinguido, a través de las cortinas, las cabezas de los dos hombres. Sin duda hablaban de algo importante porque pasó largo tiempo desde que encendieron la luz hasta que cerraron las ventanas. La casa quedó silenciosa y oscura como ocultando algún negro secreto.

XXIII

LA persona en la que se notó mayor sentimiento por haber perdido las elecciones fue Nucha. Desde entonces se fue poniendo cada vez peor. Casi no salía de su habitación, donde pasaba día y noche, cosida a su hija. Don Pedro, perdido en sus pensamientos y extraño como nunca, no hablaba con nadie.

Julián veía tan mal a la señorita que un día se atrevió a hablar con el marqués para preguntarle si no sería conveniente avisar al médico para que la viese.

—¿Está usted loco? —exclamó don Pedro— ¿Llamar a Juncal... después de lo que trabajó contra mí en las elecciones? Máximo Juncal no volverá a entrar jamás en esta casa.

Nucha asistía cada día a misa en la capilla y se retiraba cuando Julián daba gracias. Sin volverse, Julián sabía perfectamente el momento en que se iba. Pero cierta mañana notó que Nucha seguía allí. Volvió la cabeza y vio a Nucha de pie con el dedo en los labios pidiéndole que no hablara. Perucho apagaba las velas. La mirada de la señorita decía claramente:

—Que se vaya ese niño.

Cuando Perucho se fue, ella exclamó:

—Tenemos que hablar. Y tiene que ser aquí. En cualquier otra parte nunca falta quien nos vigile. Tiene usted que hacer lo que le voy a pedir. Es necesario —le decía mirándole con ojos perdidos—. Ayúdeme a salir de aquí.

—A... A... salir —contestó Julián sin poder hablar.

—Quiero marcharme, llevarme a mi niña. Volver con mi padre. Para conseguirlo tenemos que guardar el secreto. Si lo saben aquí, me encerrarán con llave. Me quitarán a la pequeña. La matarán. Sé fijo que la matarán.

La voz, la expresión, la manera de actuar, eran como de quien no está bien de la cabeza. Nucha continuó:

—Esperé a que pasaran las elecciones con la esperanza de que nos fuéramos. Yo tengo miedo en esta casa, un miedo horrible. Me siento sola, sola. No sé por qué me casé. Yo no lo necesitaba. Yo era feliz con mi padre y con mi hermanito Gabriel. Pedro quería a mi hermana Rita, eran casi novios... no entiendo por qué me eligió a mí. Dios mío, este matrimonio tenía que salir mal. ¡Cuánto he sufrido! Y no me importa por mí, que me... traten de un modo u otro... que la criada ocupe mi sitio... Pero está la niña... Hay otro niño, otro hijo... La niña les molesta... ¡La matarán! No me mire así, sé lo que digo. Usted vendrá conmigo, porque sola no conseguiría realizar mi plan.

¿Cómo negarse a ayudar a la pobre señorita? Imposible. Ya se imaginaba Julián la escena de la huída[43]. Sería de madrugada. Nucha iría envuelta en muchos abrigos. Él llevaría a la niña dormidita. Andando bien llegarían a Cebre en menos de tres horas. Allí cogerían el coche para Santiago, lejos de los horribles Pazos.

Cuando el nieto entró, la cara brillante y oscura de Primitivo podía confundirse con el color de las monedas que el criado estaba colocando en montones.

XXIV

Para terminar esta historia es necesario acudir a los recuerdos de Perucho de aquella mañana en que, por última vez, ayudó a misa al buen don Julián.

Lo primero que recuerda el rapaz es que, al salir de la capilla, se quedó muy triste: no había recibido del capellán las dos monedas que éste le solía dar después de la misa. Pero recordó que su abuelo le había prometido otras dos si le avisaba cuando la señorita se quedase sola con Julián. Apenas se le ocurrió tan brillante idea, salió corriendo a buscar a su abuelo. Cruzando la cocina, entró en la habitación donde Primitivo se ocupaba de sus negocios, y le vio sentado ante una gran mesa antigua, sobre la que había un mar de papeles escritos con letra torcida. Rara vez entraba Perucho en aquel cuarto; su abuelo acostumbraba a echarle para que no viese algunas de las operaciones comerciales que le gustaba hacer sin testigos.

Cuando el nieto entró, la cara brillante y oscura de Primitivo podía confundirse con el color de las monedas que el criado estaba colocando en montones. Perucho se quedó sorprendido ante tan fantástica riqueza. ¡Allí estaban sus dos monedas! Lleno de esperanza dio su recado: Que la señora estaba en la capilla con el señor capellán... Que le habían echado de allí. Iba a añadir –y que se me deben dos monedas por la noticia– pero no le dio tiempo, pues su abuelo se levantó del sillón y se fue como un relámpago hacia el interior de la casa.

Mientras, el chiquillo se quedó allí, sin atrever a moverse, mirando fijamente los montones de dinero y pensando si debía o no debía cobrarse él mismo las dos monedas que le habían prometido. Porque lo que se estaba produciendo en el alma de Perucho era una durísima lucha entre el deber y la pasión, entre el bien y el mal. ¡Tremendo conflicto! Pero felicítense el cielo y los hombres, pues venció el espíritu de la luz y lo cierto es que Perucho no tomó nada de aquella gran riqueza. Sin embargo, no olvidó sus dos monedas, sino que se dio la vuelta y salió rápidamente del cuarto para exigir el pago de su información. Se encontró con su abuelo en la cocina, donde éste preguntaba algo a Sabel en voz baja. Acercósele Perucho, y agarrándole de la chaqueta, exclamó:

–Mis dos monedas.

No hizo caso Primitivo. Hablaba con su hija, y por lo que Perucho pudo comprender, ésta le explicaba que el marqués se había ido a cazar hacia la parte de Cebre. Primitivo se fue en aquella dirección sin detenerse siquiera a coger su escopeta. Perucho corrió detrás de él:

–¡Mis dos monedas! ¡No me las has dado! –protestó.

–Te doy cuatro si me ayudas a buscar al señorito y le dices lo mismo que a mí: que el capellán y la señora te echaron de la capilla para quedarse solos allí.

Sin esperar más, el niño se fue por el monte. No tardó mucho en encontrar al señorito. Muy contento, le dio la noticia, pensando que se alegraría. Pero al oírla, el marqués, como loco, salió corriendo hacia los Pazos.

El chiquillo se quedó confuso unos instantes, pero otra vez se acordó de sus monedas, así que decidió volver a buscar a su abuelo. De pronto, oyó pasos silenciosos que no reconoció como de Primitivo. Se escondió para observar lo que pasaba. Y vio a un hombre que se ocultaba entre las plantas bajas del monte con una escopeta. No le había visto nunca antes, pero había oído hablar de él: era el famoso Tuerto de Castrodorna. Sintió un temor que le dejó sin atreverse a respirar. De nuevo oyó pasos: esta vez sí era Primitivo. Seguramente había visto al marqués y se iba tras él, distraído, sin mirar alrededor. El niño vio entonces una cosa terrible: el hombre que estaba oculto se echó la escopeta a la cara y disparó; el abuelo cayó boca abajo, mordiendo el polvo del camino.

No supo nunca cómo llegó, pero de pronto Perucho se encontró de vuelta en la capilla. Allí también sucedía algo horrible. La señora de Moscoso, caída en el suelo, temblaba con todo su cuerpo: frente a ella, el señorito gritaba; mientras, el capellán rogaba al señorito, a los santos, a Dios... Y de repente, al no hacerle caso el marqués, rojo y con los ojos encendidos se ponía delante de él, dispuesto a todo. Perucho no entendía nada de lo que pasaba; sólo adivinaba que el señorito estaba furioso, que iba a pegar, y quizás a matar, a la señorita y a Julián...

El niño recordó entonces una escena parecida: las víctimas eran él y su madre; el señorito tenía la misma cara y la misma manera de gritar. Y Perucho ya no tuvo dudas: el marqués iba a matar a su esposa y al capellán; ya habían matado a su abuelo; aquel día iban a morir todos. ¿Y si después el señorito mataba a la nena?

Con tal pensamiento, Perucho salió corriendo de la capilla dispuesto a salvar a la niña. Las encontró a ella y al ama dormidas. La tomó con cuidado y se la llevó sin que nadie le viera. Se escondió con ella en el hórreo[44].

La niña despertó, pero, viendo a su amigo, se quedó tranquila. La aventura de haber salvado a su nena le hizo a Perucho olvidarse de aquel terrible día. Jugó con la pequeña y le contó muchos cuentos oídos en las tardes de invierno cerca del fuego, mientras las mozas pelaban castañas[6]. La niña cerró los ojos y Perucho, agotado por tantas emociones, se quedó también dormido.

Unos gritos le despertaron. Era el ama que venía a quitarle la niña. Hay que decir que Perucho la defendió como un valiente, pero poco pudo hacer frente a la enorme moza, que desapareció con la niña. Perucho no olvidará nunca cómo lloró desesperado, tumbado entre el maíz.

XXV

Tampoco Julián olvidará aquel día; día horrible entre todos los de su vida, en que le sucedió lo que no pudo imaginar jamás: ser acusado por un marido de engañarle con su mujer; por un marido que le echaba de su casa para siempre; y ver a la desgraciada señorita, a la verdaderamente ofendida esposa, incapaz de defenderse de aquella horrible mentira.

¿Y qué sería si hubiesen escapado juntos, como habían planeado? ¡Entonces sí que tendrían que bajar la cabeza, darse por condenados!

No, tampoco olvidará Julián el valor que sintió de repente en momentos tan difíciles: cómo echó a la cara del marido todo lo que le quemaba el alma y que, por timidez, había callado hasta entonces; las terribles palabras que vinieron a su boca, de la que normalmente sólo salían palabras de paz.

No, no olvidará cómo dejó los Pazos inmediatamente, sin dar ni siquiera un beso a la niña, por miedo a no ser capaz entonces de marcharse.

Ni olvidará la subida por el camino que el día de su llegada a los Pazos le pareció tan triste y oscuro... El cielo está lleno de nubes negras; el viento entre las verdes ramas de los pinos, le trae el suave olor de las flores. El crucero, a poca distancia, levanta sus brazos de piedra... El caballo, de repente, se asusta, tiembla, se levanta sobre las patas de atrás... Julián se agarra a su cuello... En el suelo hay un bulto, un hombre, un muerto: la hierba, alrededor del cuerpo, se baña en sangre que empieza ya a secarse. Julián se queda allí, quieto, sin fuerzas, con una extraña mezcla de sentimientos que no consigue controlar: asombro y secreto agradecimiento a Dios... Aunque no puede verle la cara, Julián ha reconocido a Primitivo. El capellán no se para a preguntarse quién le ha matado: en cualquier caso ha sido la mano de Dios. Sigue su camino, se aleja para siempre, volviendo de vez en cuando la cabeza para ver el negro bulto sobre el fondo verde de la hierba...

¡Ah! No, no olvida nada Julián. No olvida cómo el arzobispo de Santiago, a quien cuenta toda la historia, decide enviarle a una parroquia* apartadísima, donde vivirá completamente alejado del mundo.

Es una parroquia de montaña, más montaña que los Pazos, en el corazón de Galicia. No hay allí ninguna casa noble. La gente, tan pobre como en los antiguos tiempos, habla un dialecto[45] dificilísimo de entender. En invierno cae la nieve y por las noches, muy cerca, se oye a los lobos.

Seis meses después recibe la noticia de la muerte de Nucha. Sin embargo, no llora ni siente pena... Al contrario, siente hasta cierta alegría porque la señorita, en el cielo, está descansando de sus sufrimientos en la tierra. Incluso el efecto de la noticia se borra pronto. Poco a poco, se va sintiendo más tranquilo y más seguro. Intenta enseñar a leer a los chiquillos del lugar y se acostumbra a vivir sencillamente, como los campesinos. Igual que ellos, espera la lluvia o el buen tiempo como el mayor bien que Dios puede dar al hombre.

Y, sin embargo, no olvida. Y en aquel rincón viene a sorprenderle la noticia de su nuevo destino, la parroquia de Ulloa. El arzobispo había querido demostrar así al buen cura, enterrado desde hace diez años en aquellas apartadas montañas, que la mentira puede herir, pero no matar.

XXVI

DIEZ años es mucho tiempo, no sólo en la vida de una persona, sino en la de los países. Sin embargo hay lugares, como hay personas, por los que no pasa el tiempo. Ahí están los Pazos de Ulloa, que no me dejarán mentir. El caserón sigue, tan pesado, tan oscuro, tan orgulloso como siempre. Nada nuevo, útil o hermoso, se nota dentro de la casa, en su huerto, en sus campos.

Tan sólo se ve más viejo al antiguo capellán de los Pazos. Camina lentamente por el estrecho camino que conduce a la iglesia de Ulloa.

¡Qué iglesia tan pobre! Más bien parece la casa de un campesino. Sólo por la cruz que hay en el tejado se conoce que es iglesia. Allí, en aquel rincón, vive Jesucristo. Pero, ¡qué solo!, ¡qué olvidado!

Julián se detuvo ante la cruz. Estaba viejo realmente, y también más hombre; algunos rasgos de su cara se dibujaban más enérgicamente y revelaban no sólo el paso del tiempo sino las duras lecciones aprendidas de la vida.

Al entrar, notaba una sensación extrañísima: como si una persona muy querida, muy querida para él, anduviera por allí, envolviéndole con su presencia. ¿Y quién podía ser esa persona? ¡Dios mío! ¡No iría a pensar ahora que la señora de Moscoso vivía! ¡La muerte de la señora de Moscoso! Para estar seguro de ella nada más sencillo... Allí estaba el cementerio[46].

Era un lugar triste y abandonado, sucio y lleno de malas hierbas entre las que se escondían cruces de madera negra con letreros muy mal escritos. Una de ellas, más alta que las demás, tenía escrito en letras blancas un nombre. Acercóse y leyó como pudo, sin considerar las faltas de ortografía: *Primitibo Suarez, sus parientes y amijos ruegen a Dios por su alma...* Julián rezó algo, pero rápidamente se alejó de allí, creyendo todavía sentir bajo sus pies el cuerpo de metal de su terrible enemigo. En ese mismo momento voló una mariposa[47] blanca que descansaba sobre la cruz. La siguió el nuevo cura de Ulloa y la vio pararse sobre un pobrísimo mausoleo[48] colocado en una esquina, junto a la pared de la iglesia.

Allí se detuvo el insecto y allí también Julián: con el corazón en loca carrera, con la vista nublada, y el espíritu, por primera vez después de largos años, completamente perdido. No necesitó leer el nombre mal escrito, porque sabía seguro que donde se había parado la mariposa, descansaba Nucha, la señorita Marcelina, la santa. Allí estaba sola, abandonada, herida, enferma de dolor... Pensando en esto, Julián se olvidó de rezar, volvió diez años atrás y cayó de rodillas: abrió los brazos, besó la pared llorando como niño o mujer.

Oyó risas y alegres voces poco propias del lugar y de la ocasión. Se volvió y se levantó confuso. Tenía delante a una hermosa pareja. El muchacho era el joven más guapo que se puede soñar. Y la niña, delgadita para sus once años, hería el corazón de Julián por el enorme parecido con su pobre madre a la misma edad: el mismo largo pelo negro, la misma cara pálida... ¡Claro que conocía Julián a la pareja! ¡Cuántas veces la había tenido en sus brazos!

Sólo algo le hizo dudar de si aquellos dos muchachos encantadores eran en realidad el hijo nacido fuera del matrimonio y la verdadera Moscoso. Mientras el hijo de Sabel llevaba buenas ropas nuevas, la hija de Nucha, cubierta con un traje viejo, llevaba los zapatos tan rotos que puede decirse que iba con los pies desnudos.

SOBRE LA LECTURA

Para comprobar la comprensión

I

1. *¿Qué va buscando Julián y por qué le resulta difícil?*
2. *¿Quién es? ¿Para qué viene?*

II

3. *¿Quién es Sabel? ¿Por qué no le agrada a Julián?*
4. *¿Qué le ocurre a Perucho esa primera noche? ¿Cómo reacciona el marqués? ¿Y Julián?*

III

5. *¿Qué diferencia hay entre Julián y el anterior capellán?*
6. *¿De qué se entera Julián hablando con Sabel sobre Perucho?*

IV

7. *¿Cómo resulta ser el trabajo de ordenar el archivo? ¿Por qué?*
8. *Julián descubre la verdadera situación de los Pazos y del marqués. ¿Cuál es?*

V

9. *¿Qué cosas ha notado Julián en Primitivo que empiezan a preocuparle?*

10. *¿Por quién se interesa Julián? ¿Qué intenta hacer?*

11. *¿Cómo son las relaciones entre Sabel y Julián?*

VI

12. *¿Cómo reacciona Julián cuando se entera de lo que la gente dice sobre él y Sabel?*

13. *¿Qué otro descubrimiento desagradable hace Julián el día de la fiesta del patrón de Naya?*

VII

14. *¿Cómo son las relaciones entre el marqués y Sabel? ¿De qué modo influye Primitivo en éstas?*

15. *¿De qué intenta convencer Julián al marqués? ¿Cuál es la principal dificultad para realizar tales planes?*

VIII

16. *¿Qué decide hacer por fin el marqués?*

17. *¿Qué está a punto de ocurrir durante el camino?*

IX

18. *¿Cómo recibe el señor de la Lage a su sobrino? ¿Por qué?*

19. *De las cuatro hermanas, ¿cuál interesa más al marqués?*

X

20. *¿Por qué no está ya don Pedro tan seguro de querer casarse con Rita?*

21. Según Julián, ¿cuál de las hermanas sería mejor esposa?

XI

22. ¿Por quién se ha decidido por fin el marqués? ¿Cómo reciben todos la noticia?

XII

23. Julián vuelve solo a los Pazos. ¿Qué buena sorpresa le espera?
24. Sin embargo, ¿qué es lo que le sigue preocupando?

XIII

25. ¿Por qué no se siente don Pedro a gusto en Santiago?
26. ¿De qué se entera en el camino de vuelta a los Pazos?

XIV

27. ¿Se ha casado Sabel? ¿Le preocupa a Julián? ¿Por qué?
28. Cuando Nucha conoce a Perucho, ¿entiende quién es?

XV

29. ¿Cómo son los vecinos del matrimonio Moscoso? ¿Son realmente tan ricos y elegantes como pretenden ser?

XVI

30. ¿Cómo reacciona don Pedro cuando se entera de que Nucha ha tenido una niña? ¿Y Julián?

XVII

31. ¿*En qué cambia el nacimiento de la pequeña la vida de Nucha y Julián? ¿Y la del marqués?*

XVIII

32. ¿*Qué piensa hacer Julián después de descubrir lo que pasa con Sabel? ¿Lo hace por fin? ¿Por qué?*

XIX

33. ¿*Qué descubre Nucha el día en que Perucho y la pequeña se están bañando juntos?*

XX

34. ¿*Qué cambio se produce en la vida de los Pazos y del pueblo en general?*

35. ¿*Por qué se presenta el marqués como candidato del partido de Barbacana?*

36. *Mientras trabajan en la capilla, ¿qué observa Julián en los brazos de Nucha? ¿Qué piensa entonces?*

XXI

37. ¿*Qué se dice en el pueblo sobre Nucha y Julián?*

38. ¿*Y qué otra cosa se dice, esta vez sobre Primitivo?*

XXII

39. ¿*Quién pierde las elecciones y por qué?*

40. ¿Tiene Barbacana intención de dejar las cosas tal como están?

XXIII

41. ¿Quién es la persona que más se lamenta por haber perdido las elecciones y por qué?
42. ¿Qué le pide Nucha a Julián? ¿Acepta éste?

XXIV

43. ¿Para qué quiere Primitivo encontrar al marqués?
44. ¿Qué le ocurre mientras le busca?
45. ¿Por qué esconde Perucho a la niña?

XXV

46. Después de los terribles acontecimientos vividos en los Pazos, ¿qué hace Julián? ¿A dónde va?
47. ¿Cómo se siente Julián en su nuevo destino, incluso después de recibir la noticia de la muerte de Nucha?
48. ¿Se quedará allí Julián para siempre?

XXVI

49. ¿Qué es lo que hace perder a Julián su calma de espíritu cuando llega al cementerio de los Pazos?
50. ¿Quiénes aparecen por el cementerio? ¿Qué es lo que más sorprende a Julián al observar a la pareja?

Para hablar en clase

1. *¿Qué imagen del matrimonio se presenta en esta novela? ¿Cree usted que es vigente actualmente?*

2. *Para don Pedro el nacimiento de una niña es una desgracia. ¿Es esto algo nuevo en la Historia? ¿Sucede lo mismo hoy en día? ¿Qué opina sobre ello?*

3. *Según usted, ¿qué papel debe tener un sacerdote? ¿Ocuparse solamente de los asuntos espirituales, como Julián, o participar en la vida política, como el arcipreste, por ejemplo?*

4. *¿Qué imagen de la vida política en los pueblos se presenta en esta novela? ¿Se corresponde con lo que ocurre ahora en su país?*

NOTAS

Estas notas proponen equivalencias o explicaciones que no pretenden agotar el significado de las palabras y expresiones siguientes sino aclararlas en el contexto de *Los Pazos de Ulloa*.

m.: masculino, *f.:* femenino, *inf.:* infinitivo.

crucero

Los Pazos de Ulloa: los **pazos** *(m.)* son en Galicia, casas grandes de familias nobles, generalmente en el campo.

1 **jinete** *m.:* persona que va a caballo.

2 **mozo** *m.:* hombre joven, especialmente si sigue soltero; también, empleado o criado: **mozo de campo.**

3 **marqués** *m.:* título de nobleza, inferior al de duque y superior al de conde.

lobo

4 **crucero** *m.:* cruz de piedra colocada en un cruce de caminos. Los **cruceros** son muy frecuentes en Galicia.

5 **lobos** *m.:* animales salvajes parecidos a los perros; son grandes cazadores que viven en grupo en bosques y montañas, pero a veces se acercan a las granjas para buscar comida; por eso son tradicionalmente temidos por los hombres.

castañas

6 **castaño** *m.:* uno de los árboles más corrientes en Galicia. Su fruto es la **castaña** *(f.)*.

7 **caza** *f.:* animales que se han cazado.

escopeta

8 **escopeta** *f.:* arma de fuego, como de un metro de largo, que usan los cazadores. Un **escopetazo** *(m.)* es un disparo de escopeta, y en sentido figurado, una gran sorpresa.

9 **Cebre:** este nombre no existe en la realidad. Ninguno de los lugares gallegos, excepto Orense y Santiago de Compostela, mantienen sus nombres auténticos en la novela, sino que han sido cambiados por la autora para tener así una mayor libertad de creación.

vela

10 **vela** *f.:* objeto hecho con algún tipo de grasa (en general, cera) y con una pequeña cuerda en el centro, de un extremo a otro, que se enciende con fuego y sirve para dar luz.

11 **tras:** detrás de, aquí equivalente a después de; se puede oponer a **ante**, que equivale a delante de.

12 **señorito** *m.:* hijo de una persona distinguida e importante; también, tratamiento que dan los criados al hombre para quien trabajan, especialmente si es joven.

13 **rapaz** *m.:* chico, niño, muchacho. Palabra de uso muy frecuente en Galicia.

14 **maíz** *m.:* cereal de uno a tres metros de altura y de largas hojas verdes. Su fruto, unos gordos granos amarillos, se emplea en alimentación.

15 **caserón** *m.:* casa muy grande.

maíz

16 **archivo** *m.:* habitación donde que se guardan documentos; también, esos documentos.

17 **administrador** *m.:* persona que se encarga de cuidar de los intereses y dinero de otra(s).

18 **derecho** *m.:* posibilidad de hacer o exigir alguna cosa por estar así establecido; conjunto de leyes y reglas que rigen las relaciones entre los hombres, que establecen lo que está permitido o prohibido; lo que estudian los abogados.

19 **cacique** *m.:* persona que, por su clase social o dinero, interviene en la política o administración de un pueblo, pudiendo llegar a convertirse en jefe del mismo.

20 **partido moderado** *m.*, **unionistas** *m.:* la acción de *Los Pazos de Ulloa* se desarrolla durante los dos o tres últimos años del reinado de **Isabel II** y los momentos de la **Revolución** *(f.)* de 1868, que obligó a la **reina** a exiliarse a Francia y permitió la instauración de un régimen democrático. Todo el final del reinado de Isabel II estuvo marcado por la alternancia en el poder de dos corrientes políticas: **el partido moderado** y **el partido progresista.** El primero era conservador y autoritario; el segundo, progresista. Para unir las dos fuerzas O'Donnell creó el **partido de la Unión Liberal**, o sea, de los **unionistas,** formado por los moderados más avanzados y los progresistas más moderados. A la derecha de estos partidos estaba el **partido carlista.** Los **carlistas** *(m.)*, que seguían a don Carlos María Isidro, defendían la religión y la tradición en general; su enemigo era el liberalismo y el régimen constitucional.

21 **sinceramente:** sin mentir, sin engaño.

22 **gaitero** *m.:* músico que toca la gaita *(f.)*, instrumento de viento formado por una piel de animal en forma de bolsa a la que van unidos tres tubos de madera. Es típica en Galicia.

23 **perra** *f.:* insulto fuerte, que aquí significa prostituta.

24 **herradura** *f.:* objeto de metal de forma parecida a un medio círculo, que se les pone a los caballos en las extremidades de sus patas.

25 **apuntaba** (*inf.:* **apuntar**): dirigía un arma hacia algo o alguien.

26 **trato** *m.:* modo de relacionarse que tienen dos o más personas: con respeto, amabilidad, tensión, etc.

27 **bizca:** se dice de la persona que tuerce los ojos al mirar.

28 **Gabrieliño:** Gabrielito. El diminutivo **iño, iña** es el más usado en Galicia.

29 **Casino** *m.:* club, lugar donde las personas se reúnen para hablar, jugar, leer, etc.

30 **vila** *f.:* en gallego, ciudad. El gallego es la lengua de Galicia. En la época de Pardo Bazán era la lengua que se hablaba en las aldeas, entre la gente de más baja condición social, siendo el castellano preferido en las ciudades y en los ambientes cultos. Ahora está reconocida, con el castellano, como lengua oficial del Estado español.

gaitero

herradura

araña

31 **victoria** *f.:* acción y efecto de **vencer**, es decir, de ganar o triunfar en alguna lucha. También, hecho de conseguir algo difícil o que se desea mucho.

32 **criar:** alimentar las madres a sus hijos recién nacidos con su propia leche. Antiguamente, si una madre no podía **criar** a su hijo, recurría a un **ama de cría** *(f.)*, es decir, a otra mujer, que daba su leche al niño ajeno a la vez que al suyo propio.

33 **echaba las cartas** (*inf.:* **echar**): interpretaba las cartas, leía el futuro en éstas.

34 **araña** *f.:* insecto que tiene ocho patas y, en la boca, un par de uñas con veneno.

35 **nena** *f.:* niña pequeña (forma cariñosa).

36 **elecciones** *f.:* consulta hecha a los ciudadanos para que elijan entre varios **candidatos** *(m.)*, es decir, entre las personas propuestas para determinado cargo político, el que mejor representa sus intereses.

37 **votos** *m.:* opiniones a favor de un **candidato** u otro en unas **elecciones**. Se expresan por medio de **papeletas** *(f.)*, es decir, de unos papeles que llevan el nombre de los **candidatos** y que se echan en unas **urnas** *(f.)* o cajas especiales dispuestas para ello.

38 **diputado** *m.:* persona elegida para formar parte de un cuerpo del Estado encargado de hacer las leyes, llamado **Congreso** *(m.)*.

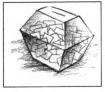

urna

39 **Gobernador** *m.:* jefe superior de una provincia o ciudad.

hórreo

mariposa

mausoleo

40 **mesas electorales** *f.:* mesas sobre las que están las **urnas** (ver nota 37) así como las personas que están al cuidado de éstas y controlando la votación; en sentido más amplio, lugares donde están instaladas.

41 **traidores** *m.:* personas que engañan a otra(s) que confiaba(n) en ellas. El nombre de **Judas**, el amigo que engañó y entregó a Jesucristo a sus enemigos, es sinónimo de traidor.

42 **Tuerto:** nombre dado al personaje, por ser efectivamente **tuerto**, es decir, por faltarle un ojo o tenerlo ciego.

43 **huida** *f.:* hecho o acción de **huir**, es decir, de escapar.

44 **hórreo** *m.:* en Asturias y Galicia, construcción de madera o piedra, elevada sobre cuatro pilares, donde se guarda el grano y otros productos agrícolas (paja, patatas, etc.).

45 **dialecto** *m.:* forma particular de hablar una lengua en una determinada zona geográfica.

46 **cementerio** *m.:* terreno donde se entierra a los muertos.

47 **mariposa** *f.:* insecto con dos pares de alas, por lo general de hermosos colores.

48 **mausoleo** *m.:* monumento levantado encima del sitio donde están enterradas personas importantes o miembros de grandes familias.

GLOSARIO RELIGIOSO

Las palabras explicadas aquí van señaladas en el texto con un asterisco (*). Se refieren todas a la religión católica.

m.: masculino, *f.:* femenino.

abad *m.:* superior de un **monasterio** *(m.)*, es decir, de una casa donde vive, sujeta a ciertas reglas, una comunidad religiosa.

arcipreste *m.:* sacerdote en quien el **obispo** (ver nota siguiente) ha delegado ciertos poderes sobre los curas e iglesias de un territorio determinado.

arzobispo *m.:* **obispo** *(m.)* que está a la cabeza de una provincia eclesiástica y de quien dependen varios obispos. Un **obispo** es un **sacerdote** (ver nota de este Glosario) que ha recibido un grado superior y está encargado de la administración de una zona o diócesis.

Biblia *f.:* libro que contiene el conjunto de textos santos que son base de las religiones cristiana y judía.

capellán *m.:* sacerdote que cumple sus funciones en una determinada institución religiosa, militar, particular, etc.; aquí, en una casa noble.

capilla *f.:* pequeña iglesia, o lugar destinado al culto en determinados establecimientos (monasterio, hospital, colegio, etc.) o como aquí, en una casa particular.

condenado: destinado a sufrir penas eternas, como castigo de Dios por sus pecados y malas acciones en la tierra.

cruz *f.:* objeto construido con dos barras de madera, piedra o metal cruzadas, una más larga que la otra; es un símbolo cristiano en recuerdo de la muerte de Jesucristo.

devoto: persona muy religiosa, que cumple todas las normas y leyes de la religión católica.

imagen *f.:* representación gráfica o escultura de la **Virgen** (ver nota de este Glosario), Cristo o los santos.

fray *m.:* forma apocopada de **fraile** *(m.)*, hombre que pertenece a alguna Orden religiosa. Se usa delante de nombre propio.

parroquia *f.:* iglesia que tiene a su cargo a los habitantes de una zona determinada.

sacerdote *m.:* hombre que dirige los servicios religiosos (misas, bautizos, ...) y, en general, que lleva la palabra de Dios a los demás.

santiguarse: hacer la señal de la **cruz** (ver nota de este Glosario) sobre uno mismo, es decir, hacer con la mano derecha una cruz llevando la mano desde la frente al pecho y desde un hombro al otro, para representar la cruz en que murió Jesucristo.

seminario *m.:* establecimiento donde los jóvenes que quieren ser **sacerdotes** (ver nota de este Glosario), estudian y se preparan para ello.

Virgen *f.:* madre de Jesucristo.